James McSill
Luiz Carlos Osorio

Book in a Box

Psydrops:
Composição Psicológica
de Personagens

www.dvseditora.com.br
São Paulo, 2013

Book-in-a-Box

PSYDROPS
COMPOSIÇÃO PSICOLÓGICA DE PERSONAGENS

Copyright© DVS Editora 2013
Todos os direitos para a língua portuguesa reservados pela editora.

Nenhuma parte dessa publicação poderá ser reproduzida, guardada pelo sistema "retrieval" ou transmitida de qualquer modo ou por qualquer outro meio, seja este eletrônico, mecânico, de fotocópia, de gravação, ou outros, sem prévia autorização, por escrito, da editora.

Edição e Diagramação: Mario H. Prado
Produção gráfica e Capa: McSill Story Consultancy

```
Dados Internacionais de Catalogação na Publicação (CIP)
        (Câmara Brasileira do Livro, SP, Brasil)

    McSill, James
      Book in a box : psydrops: composição
    psicológica de personagens / James McSill, Luiz
    Carlos Osorio. -- São Paulo : DVS Editora,
    2013.




      1. Arte de escrever 2. Arte de escrever -
    II. Métodos 3. Escritores I. Osorio, Luiz Carlos.
    Título.




13-12677                                      CDD-808.02
```

Índices para catálogo sistemático:

1. Arte de escrever   808.02

James McSill
Luiz Carlos Osorio

Book in a Box

Psydrops: Composição psicológica de personagens

www.dvseditora.com.br
São Paulo, 2013

Sumário

Apresentação 7

Introdução 15

Série I:
Psydrops relativos às vias de acesso
ao inconsciente 19

Série II:
Psydrops relativos ao Complexo de Édipo
e ao conflito psíquico 35

Série III:
Psydrops relativos aos mecanismos de defesa
(adaptação) do ego 43

Série IV:
Psydrops relativos às funções psíquicas
e suas alterações 71

Série V:
Psydrops relativos à personalidade
e aos tipos psicológicos 89

Serie VI:
Psydrops relativos ao paradigma
relacional-sistêmico   105

Modo de usar os Psydrops   113

Comentários finais   125

Apresentação

Foi da língua inglesa de onde eu tirei esta expressão **BOOK-IN-A-BOX**, que significa *um livro que já vem pronto*. Isto é, feito comida que se tira da caixinha, pronta para colocar no forno e tornar-se o jantar do dia.

A experiência **BOOK-IN-A-BOX** pode se dar de diversas formas: estudos online, análise solitária do manual, palestra presencial e, dependendo das circunstâncias, apresentações em 3D – então prepare os óculos!

Ah! Na logomarca do **BOOK-IN-A-BOX**, ao lado, diz assim: **copyright James McSill 2013**. Isto quer dizer que o material (junto do meu nome e das minhas santas técnicas) só poderá ser usado por você. Ele não pode ser usado como base para palestras, eventos ou aulas e também não pode ser partilhado com amigos. Os exemplos e os modelos encontrados

Copyright James McSill 2013

neste volume, contudo, podem ser utilizados por você para elaborar seus próprios textos de releases, avisos de pauta, e etc.

Assim, esta segunda parte da coleção dos manuais do **BOOK-IN-A-BOX** tem o objetivo de levar aos aspirantes a escritores ainda mais elementos com que viabilizar a sua carreira. Noções sobre mercado editorial, agenciamento literário, comunicação, plataforma e marketing para autores, bem como noções de psicologia e psicanálise para a composição de personagens chegam para integrar a família **BOOK-IN-A-BOX**.

O motivo para a coleção aumentar de tamanho? Simples. O sucesso alcançado pelos três primeiros volumes, escritos por mim e pelos **três únicos consultores oficiais da McSill Story Consultancy – Adriano Fregonese, Mario H. Prado e Camila Prietto –**, me fizeram decidir que era preciso aumentar essa família, e, assim, torná-la ainda mais útil e eficiente para aqueles que pretendem não apenas escrever bem, mas também desejam trabalhar suas carreiras como escritores de uma maneira eficiente e profissional.

Se essa notícia já é ótima, sinto-me tentado a revelar mais uma coisa: a expansão do **BOOK-IN-A-BOX** não para por aqui. Outros volumes estão a caminho, abordando temas importantes para o desenvolvimento da carreira do autor. Você também pode acompanhar as novidades desse grande projeto através do site **www.book-in-a-box.com**, bem como se associar ao **BOOK-IN-A-BOX** e, assim, ter acesso exclusivo a diversos serviços.

Há tempos que eu ansiava por trazer para o Brasil um trabalho que vinha dando muitos frutos no Reino Unido –

bem como em outros países europeus. O grande sucesso que os primeiros volumes desta coleção fizeram (em menos de três meses já tivemos de viabilizar uma segunda edição, ante o esgotamento dos exemplares da primeira tiragem) apenas comprovam que o cenário brasileiro é, como eu previa, um dos mais promissores para o desenvolvimento de autores profissionais – que não terão motivos para temer o grande monstro das traduções de obras estrangeiras, que abarrotam as livrarias nacionais.

Estamos aqui para ajudar a mudar essa realidade.

Com carinho,

Olá!

Meu nome é Luiz Carlos Osorio e sou um dos participantes desta cada vez maior e mais diversificada família dos autores do James McSill, ou seja, aqueles que decidiram investir em aprender a escrever dentro dos parâmetros do "storytelling" sob a batuta do mestre James. Tenho acompanhado o James desde suas primeiras vindas ao Brasil para nos brindar com seus ensinamentos sobre como escrever textos de ficção com distintos objetivos. Do aprendizado que fiz com ele resultaram um livro de auto-desenvolvimento interpessoal romanceado, textos de literatura infantil, a reelaboração ainda em andamento de um romance, e agora este manual, escrito conjuntamente com o James para auxiliar autores, roteiristas e atores na composição psicológica de seus personagens.

Por que fui convidado pelo James para esta tarefa? Bem, tenho que contar a vocês um pouco de minha trajetória profissional para entenderem as credenciais que me levaram a receber este convite.

Depois de me graduar em medicina fiz uma especialização em psiquiatria e me tornei um dos primeiros psiquiatras brasileiros com foco no atendimento a adolescentes, numa época em que poucos se dispunham a tratar os problemas desta fase da vida. Isso me levou a ser reconhecido como um dos ícones da psiquiatria de adolescentes do continente americano, tendo sido presidente do Fórum Pan-americano para o estudo da Adolescência no final dos anos 70.

Para estar mais capacitado a atender meus pacientes adolescentes busquei também especialização em psicanálise, bem como em modalidades de psicoterapia de grupo. Fui um dos mais jovens psicanalistas brasileiros a receber o título de membro efetivo da International Psychoanalytic Association e o primeiro a ser agraciado com o prêmio Durval Marcondes, criado pela Associação Brasileira de Psicanálise para estimular a pesquisa em psicanálise em nosso país.

Bem, mas talvez os leitores não familiarizados com o mundo "psi" estejam a se perguntar qual a diferença entre **psiquiatria** e **psicanálise**, assim como em que consistem as chamadas **psicoterapias**. Aí vão algumas informações importantes para entenderem as fontes de onde extraí os Psydrops.

Psicoterapia, num sentido amplo, é todo aquele procedimento que, através da comunicação ou interação entre terapeuta e paciente, visa obter mudanças nos sentimentos, pensamentos ou condutas que aliviem o sofrimento do paciente.

Psiquiatria é uma especialidade médica, voltada para o diagnóstico e tratamento dos distúrbios mentais. O psiquiatra, além de tratar com métodos psicoterápicos seus pacientes, pode prescrever medicamentos, o que outros psicoterapeutas não podem.

Psicanálise é uma teoria explicativa da mente elaborada por Sigmund Freud (1856-1939). Freud era um médico austríaco que também buscava recursos terapêuticos para tratar os distúrbios emocionais de seus pacientes e a aplicação de suas descobertas sobre o funcionamento mental, através do método psicoterápico que criou, mostrou-se capaz de eliminar sintomas de natureza psicológica. Assim, o termo **psicanálise** tanto caracteriza o processo de investigação da mente desenvolvido por Freud como o método psicoterápico que criou.

Foram meus conhecimentos de psiquiatria e psicanálise que serviram de substrato para a elaboração desse manual. Mas não só eles, como verão na última série dos psydrops, inspirada no que se passa nas relações interpessoais, objeto de estudo da teoria sistêmica.

Como dizia acima, o pioneirismo foi a marca registrada de minha trajetória profissional e pioneirismo rima com fazer o que ainda não foi feito. Foi assim que participei da fundação da primeira comunidade terapêutica para crianças e adolescentes da América Latina, em Porto Alegre, RS (anos 60), que se tornou referência para os profissionais da área no país e fora dele. Mais adiante (anos 80) fui dos primeiros profissionais brasileiros a buscar especialização em terapia de casais e famílias no exterior, tendo posteriormente organizado em Florianópolis, onde resido desde a década de 90, o que na época era o único curso de especialização em terapia de famílias dos três estados do sul com reconhecimento pelo MEC.

Nos últimos trinta anos escrevi mais de duas dezenas de livros, a maior parte deles com finalidades didáticas e para preencher lacunas com a falta de textos especializados em nosso meio sobre os temas a que me dediquei: adolescência, psicanálise, grupos, casais, famílias e sistemas humanos em geral.

Atento às carências de profissionais habilitados para o trabalho em e com equipes nas áreas de saúde, educação e instituições em geral, tenho me ocupado nos últimos anos com a capacitação desses profissionais através de cursos, workshops e laboratórios de relações interpessoais realizados em várias cidades do país.

Recentemente fui procurar aperfeiçoamento na produção de textos romanceados, onde a estória fosse a protagonista e coadjuvantes os conhecimentos técnicos e as vivências profissionais que possuo. Sob a tutoria do consultor literário James McSill escrevi o primeiro texto romanceado de desenvolvimento interpessoal produzido por um autor brasileiro (sob o título *"Mudar Juntos!"*, editora Ler Mais, 2013) e agora, para a coleção **Book-in-a-Box**, esse manual intitulado **Psydrops**, e que será apresentado a seguir para os leitores.

Boa leitura!

Luiz Carlos Osorio

Introdução

Este breve manual vai abordar os elementos capazes de auxiliar você na construção dos personagens que povoam as estórias que irá criar ou que outros criaram e você terá que representar no teatro, cinema ou televisão.

Em que consistem os psydrops?

Os **psydrops** são informações condensadas, simplificadas e direcionadas para a divulgação de conhecimentos sobre o funcionamento intra e interpessoal dos seres humanos e que possam auxiliar escritores, roteiristas, atores e diretores de cinema, teatro ou televisão, na moldagem psicológica de seus personagens.

Como os psydrops poderão ajudar vocês na construção dos personagens que criam?

Sendo o principal objetivo de vocês desencadear emoções no seu público-alvo, os psydrops visam constituir-se numa ferramenta que lhes permita aprimorar a condição de verossimilhança de seus personagens no que diz respeito a seu perfil psicológico, ou seja, torná-los mais próximos do que seja o comportamento habitual dos indivíduos nas situações vividas nas tramas que vocês escrevem ou representam.

Você sabe que o elemento fundamental de uma história é o **personagem**. Sem personagens não há estórias a serem contadas, escritas, representadas ou filmadas.

Personagem é sempre alguém com emoções, pensamentos e atitudes humanas. Mesmo quando o personagem é um animal – como na literatura infantil – ou um ser sobrenatural – como na literatura fantástica – ele é "antropormofizado", ou seja, expressa sentimentos, formas de pensar ou comportamentos similares aos dos seres humanos em geral.

Então, para compor personagens na literatura, teatro, cinema ou televisão, precisamos conhecer como sentem, pensam ou agem os seres humanos. Ou, dizendo de outra forma, precisamos ter uma noção dos distintos "perfis psicológicos" que caracterizam as pessoas.

Como serão apresentados os conteúdos deste manual?

Cada série de psydrops será introduzida por um capítulo referente aos fundamentos teóricos que os sustentam. A seguir são apresentados os psydrops da série, ilustrados com situações do cotidiano, fragmentos da literatura e trechos de enredos de filmes, peças de teatro ou séries da televisão. Ao final de cada item serão oferecidas "dicas" de como utilizar os "psydrops" na criação de personagens. E ao término de cada série de psydrops você será convidado a por em prática o que aprendeu, através de exercícios que visam treiná-lo para o objetivo em pauta: criar personagens verossímeis do ponto de vista psicológico. Assim, será muito útil que você se disponha a ler as introduções a cada série de psydrops e, mais adiante, relê-las antes e depois de cada exercício, para que possa assimilar as ideias nelas contidas e saber aproveitá-las satisfatoriamente na construção de seus personagens.

E, para finalizar, um roteiro para que aproveite melhor este manual:

1) Leia com atenção o capítulo introdutório a cada série de psydrops, onde são apresentados os alicerces teóricos referentes à série em questão.

2) Detenha-se no exame do conteúdo de cada psydrop, ilustrado com situações do cotidiano e links com a literatura, teatro ou cinema e, sobretudo, incorpore as "dicas" fornecidas, que o auxiliarão na realização dos exercícios e de sua prática posterior na construção dos personagens.

3) Não deixe de realizar os exercícios propostos. Ninguém se torna um bom atleta sem treinar, treinar e treinar, não é mesmo? Isso também é válido para autores e atores, não se esqueçam!

Série I
Psydrops relativos às vias de acesso ao inconsciente

INTRODUÇÃO

Você certamente já ouviu a expressão "Freud explica", assim como já ouviu falar de **inconsciente** e provavelmente sabe que Freud foi quem o descobriu. É bem isso, Freud "descobriu" o inconsciente, não o "inventou". O inconsciente estava lá escondido na mente de todos nós, à espera de um gênio como Freud, que o trouxesse à tona e o revelasse, com todos os mistérios e segredos que contém.

Freud é o criador da psicanálise, nome que se reserva tanto à disciplina que estuda os fenômenos inconscientes da mente humana quanto ao método terapêutico estabelecido por ele para aliviar os sofrimentos psíquicos relacionados com esses fenômenos.

Para melhor entender o que seja o papel do inconsciente no funcionamento mental do indivíduo a seguinte metáfora utilizada por Freud ajuda bastante.

Freud comparava a mente humana a um iceberg, cuja parte visível acima da superfície da água seria o consciente, enquanto a parte submersa, que sabemos ser bem maior, seria o inconsciente. O Titanic afundou não por ter colidido com a parte "visível" do iceberg, mas sim com sua imensa porção "invisível" porque submersa.

A metáfora de Freud foi anterior ao acidente do Titanic, mas poderíamos continuar nos utilizando da referência ao que ocorreu com o Titanic para assinalar que, segundo Freud, o que determina os contratempos (ou "acidentes") de nossa vida psíquica é a parte submersa de nossa mente, ou seja, o inconsciente.

E como Freud descobriu o inconsciente?

Pois foi através das seguintes **vias de acesso** que Freud chegou a ele: **os sonhos, os atos falhos, os sintomas, as associações livres e a transferência.**

Analisaremos, a seguir, nos primeiros cinco psydrops deste manual, as vias de acesso ao inconsciente, que serão muito úteis para a criação de personagens que demonstrem a maior verossimilhança possível com a vida real, fazendo, assim, com que os seus leitores identifiquem neles as características que encontramos em pessoas reais.

PSYDROP 1
SONHOS

Durante o sono ocorrem períodos em que imagens se apresentam à mente de todos nós e é o que chamamos **sonhos**.

Os sonhos têm o papel de proteger o sono na medida em que descarregam tensões e favorecem o equilíbrio mental. Para Freud seriam a via principal de acesso aos processos inconscientes.

Os sonhos podem servir à:

1) Realização fantasiosa de desejos não satisfeitos.

Exemplo: adolescentes, ou mesmo adultos em longos períodos de abstinência, que sonham estar tendo uma relação sexual.

2) "Digestão" mental de situações traumáticas.

Exemplo: sonhos repetitivos com pessoa recentemente falecida e com a qual se teve vínculos afetivos muito significativos.

Para a ocorrência de um sonho é necessário um ou mais dos seguintes elementos:

a) Estímulos sensoriais, tais como ruídos, luminosidade, vontade de urinar, etc.

b) *Restos diurnos*, ou seja, lembranças – agradáveis ou não –, de ocorrências do dia anterior.

c) Existência de sentimentos, pensamentos ou desejos que estão reprimidos no inconsciente.

Uma observação curiosa: só são lembrados os sonhos que estejam ocorrendo logo antes do momento do despertar.

Link com a literatura e o cinema

Um grande sucesso, quer da literatura infantil como do cinema da primeira metade do século passado, O Mágico de Oz, nos traz uma narrativa fantástica que acaba por revelar ao final que tudo não passava de um sonho da personagem central, Dorothy, sonho esse que na verdade servira à "digestão" da situação traumática que o desencadeara e que fora o desaparecimento do cãozinho de Dorothy.

Dica: Todo relato ficcional deve levar o leitor ou espectador a um estado semelhante a um sonho fora do sono.

Psydrop 2
Atos falhos

Atos falhos são ações que saem diferentes do que pretendia a vontade de quem as realiza.

Os atos falhos que cometemos em nossa vida foram estudados por Freud como indicativos de manifestações inconscientes. Os atos falhos podem se expressar não só através de ações propriamente ditas, mas também de erros ou equívocos na linguagem falada ou escrita.

Exemplos:

Uma jovem senhora recém-casada sai de seu trabalho e em lugar de se dirigir ao apartamento onde passou a viver com seu marido põe-se a caminho da casa de seus pais.

Em uma carta destinada ao marido que está distante, a submissa esposa dirige-se a ele escrevendo "meu temido", em lugar de "meu querido".

Links com o cinema

As cenas que levam a intenção de comicidade apóiam-se em grande parte em atos falhos cometidos pelos personagens. Na famosa dupla do cinema cômico "o Gordo e o Magro" são ações desastradas e contrárias às suas próprias intenções que levam o personagem "o Magro" a confrontos hilários com o personagem "o Gordo". No filme "Noivo neurótico, noiva nervosa", de Woody Allen, a personagem Annie Hall comete um ato falho ao dizer: "Não sei se minha análise pode mudar minha esposa ('wife')" quando sua intenção era dizer "Não sei se minha análise poderá mudar minha vida ('life') e Allen, no papel do comediante Alvy Singer, vira-se para o espectador e chamar-lhe a atenção para o ato falho cometido por ela.

DICA: Começar um relato com um ato falho cometido por um personagem pode ser uma forma original de encaminhar uma estória que se proponha a surpreender e encantar pelo imprevisto.

Além disso, os atos falhos também podem gerar um tom de comicidade muito útil em estórias humorísticas ou com personagens que tenham a função de *"comic relief"* ("alívio cômico), muitas vezes utilizados em estórias dramáticas para "aliviar a tensão" e permitir ao leitor ou ao espectador que possa "respirar" antes do próximo ápice de dramaticidade. Um personagem que comete atos falhos pode ser utilizado, assim, com essa função dentro da estória.

PSYDROP 3
SINTOMAS

Quando o corpo e a mente entram em sofrimento surge o que chamamos sintomas. **Sintomas** são, assim, manifestações de alterações nas funções orgânicas ou psíquicas.

Os sintomas que serviram para Freud como via de acesso ao inconsciente foram sintomas que se manifestam no corpo, mas são de natureza emocional, e, segundo Freud, estão relacionados com traumas psicológicos anteriores. São os chamados sintomas psicossomáticos.

Exemplos:

a) Uma paciente de Freud apresentou uma cegueira sem causa orgânica que a justificasse quando foi chamada para identificar o corpo do pai, falecido num bordel tendo relações com uma prostituta.

b) O filho de um empresário, a quem devia suceder na empresa da qual eram sócios, desenvolve crises repetidas de enxaqueca após a morte súbita do pai, com quem vinha tendo conflitos por não deixá-lo assumir a liderança para a qual já se achava preparado.

Outros sintomas são expressão de alterações nas funções psíquicas, que serão abordadas na série IV.

Link com o teatro e cinema

"Tommy" foi o primeiro trabalho musical a ser anunciado abertamente como uma ópera rock. Composto por Pete Townsend em

1969, com a colaboração de componentes de sua banda The Who, narra a estória de um rapaz que se tornou campeão de pinball, mesmo sendo cego.

No início do enredo, Tommy, aos quatro anos de idade, presenciou seu pai, dado como morto na II Guerra Mundial, regressar e assassinar o então amante de sua mãe. A mãe implorou a Tommy que jamais contasse o que vira e ouvira. Tommy desenvolve a partir de então uma surdez, mutismo e cegueira, tudo de origem psicológica.

Ken Russell, diretor de cinema britânico, dirigiu uma versão cinematográfica de Tommy (em 1975), permitindo-se certas liberdades como inverter os papéis de assassino e vítima: o amante da mãe é quem assassina o pai após uma luta corporal entre os dois.

Tanto na versão da ópera rock como no roteiro cinematográfico o núcleo da trama centra-se em torno dos sintomas apresentados pelo personagem Tommy e a situação traumática que os desencadearam.

Dica: Poucas coisas chamam mais a atenção para um personagem do que sintomas ou distúrbios.

Psydrop 4
Associações livres

As ideias que ocorrem espontaneamente na mente de um paciente deitado no divã de um analista são o que Freud denominou **associações livres**.

Freud observou que mesmo que houvesse a instrução de que as ideias não deveriam sofrer censura prévia por parte do paciente, isso, na prática, não ocorria. Pesquisando o modo como se encadeavam as associações de ideias na fala dos pacientes, Freud identificou os motivos inconscientes que levavam as emoções ou pensamentos subjacentes a não serem trazidos à tona.

Exemplos:

"Ontem li um artigo sobre a fome no mundo... não sei por que me veio à mente agora a imagem de um pelicano bicando as próprias entranhas para dar suas vísceras de alimento ao filhote... meu pai era um homem capaz de tirar a roupa do corpo para ajudar os estranhos... mas minha mãe dizia que ele tirava dela e dos filhos o que dava aos outros... na verdade acho que meu pai não era generoso com os filhos" (associações evidenciando a raiva do filho contra o pai, por esse não lhe dar o que o filho achava que devia).

"Depois que tive meus dois filhos fiquei com umas estrias horrorosas na barriga... só consigo ter relações com meu marido com a luz do quarto apagada... uma cirurgia plástica é muito cara....ontem minha colega de bancada pediu um aumento salarial...diz que eu tenho que fazer o mesmo e me valorizar mais...fico me escondendo" (associações que mostram os sentimentos de vergonha da paciente).

Link com a literatura

A obra de Proust "Em busca do tempo perdido" traz, em uma de suas mais famosas passagens, um exemplo bem ilustrativo de uma associação livre por estímulo gustativo quando o narrador come uma 'madeleine' (bolinho típico da culinária francesa) molhada no chá, e vê sua consciência mergulhar involuntariamente no passado. Narra o autor: "No preciso instante em que o gole com migalhas de bolo misturadas me tocou no céu da boca, estremeci, atento ao que de extraordinário estava a passar-se em mim... E, de repente, a recordação surgiu-me. Aquele gosto era o do pedacinho de 'madaleine' que em Combray, ao domingo de manhã (porque nesse dia não saía antes da hora da missa), a minha tia Léonie, quando lhe ia dar os bons-dias ao quarto, me oferecia, depois de o ter ensopado na sua infusão de chá ou de tília. A visão da minúscula 'madaleine' nada me fizera lembrar até a ter provado."

DICA: Os flashbacks são construídos a partir de associações livres.

PSYDROP 5
TRANSFERÊNCIA

Transferência é o fenômeno pelo qual intensos sentimentos de atração ou repulsa que os pacientes experimentaram em relação a pessoas significativas de seu passado (pais) são deslocadas ("transferidas") para a figura de seu (ou sua) analista.

Quando uma paciente diz que o timbre de voz de seu analista lembra a de seu pai quando ele a punha no colo e a consolava por ter se machucado, dizemos que ela está apresentando o fenômeno da transferência, isto é, revivendo na relação com o analista o mesmo sentimento de proteção outrora experimentado com o pai.

Freud percebeu que pacientes tanto "transferiam" para ele sentimentos amorosos como hostis em relação a figuras significativas do seu passado. Fala-se em transferência positiva se esta se refere a sentimentos amorosos e negativa se agressivos. Posteriormente Freud deu-se conta de que a transferência era um fenômeno universal e não restrito ao que ocorre na situação psicanalítica.

Exemplos:

Quando seu analista lhe informou que se ausentaria por uns dias em razão de uma viagem, o paciente estava certo que não voltaria a vê-lo nunca mais. Certo dia, quando menino, sua mãe lhe dissera que ia fazer uma pequena viagem, mas na verdade se hospitalizou para fazer uma cirurgia da qual não se recuperou, vindo a falecer.

O funcionário recém-admitido numa firma logo estabelece uma relação de maior proximidade e empatia com determinado colega. Mais adiante se dá conta que esse colega tem características que o fazem lembrar de um irmão muito querido com o qual não se encontra há muitos anos.

Link com a dramaturgia

Na peça teatral *Álbum de Família*, de Nelson Rodrigues, o personagem Jonas transfere seu desejo incestuoso pela filha desvirginando meninas de 12 a 16 anos em sua própria casa.

Dica: Em qualquer relação pessoal aparecem sentimentos transferidos de outras relações anteriores. Por isso é possível criar, num texto, uma rede de emoções a partir da menção do que o personagem "A" experimenta na relação com o personagem "B", que traz à tona a sua relação passada com o personagem "C", e assim por diante.

> **Os psydrops apresentados na Série I corespondem às vias de acesso ao inconsciente:**
>
> 1. Sonhos;
> 2. Atos falhos;
> 3. Sintomas;
> 4. Associações livres;
> 5. Transferência.

EXERCÍCIOS RELACIONADOS AOS PSYDROPS DA SÉRIE I

1. Identifique que elementos necessários para a ocorrência de um sonho aparecem no seguinte sonho de Maria, que está grávida, e no dia anterior ao sonho soube que apresenta um câncer de mama:

Maria sonha que está caminhando no seu jardim e, quando vai colher uma rosa, uma enorme aranha caranguejeira surge detrás de um ramo e a pica. Com muita dor e medo do que o veneno da aranha possa causar a seu organismo sai correndo em direção à casa, gritando por socorro, e de lá vem em sua ajuda a avó, com um tubo da pomada que certa vez passou no peito de Maria, para aliviar a dor causada por uma picada de marimbondo quando Maria passava as férias no sítio dos avós.

a) _____

b) _____

c) _____

2. Crie uma cena em que um personagem comete um ato falho, querendo dizer que estava olhando com o "rabo do olho", mas se engana e diz que estava olhando com o "olho do rabo":

3. Escreva a sequência no seguinte projeto de cena:

O personagem vê sua mulher ser alvejada a seu lado na cama por um estranho que invadira sua casa à noite. Tenta levantar-se, mas percebe que não consegue mover-se. O pânico o paralisara. Então...

4. No **Book-in-a-Box:** *Cena e Estória*, você descobriu o mundo mágico das unidades dramáticas chamadas "cenas", e aprendeu a montar uma sequência completa com "cena de ação" e "sequela". Assim, escreva uma cena e introduza, na sequela, uma situação que se caracterize como "**associação livre**" (se quiser pode voltar algumas páginas para dar uma espiadinha!):

_____

_____

_____

_____

_____

_____

_____

_____

_____

_____

_____

_____

_____

_____

Série II
Psydrops relativos ao Complexo de Édipo e ao conflito psíquico

INTRODUÇÃO

Inicialmente Freud considerou a mente humana como constando de três áreas ou campos mentais: **Inconsciente** (a parte oculta do iceberg), **Consciente** (a parte visível do iceberg) e o **Pré-consciente**, vulgarmente chamado subconsciente. O pré-consciente seria uma espécie de filtro que determina o que deve permanecer oculto e que parte do material psicológico que compõe o inconsciente pode chegar ao consciente.

Mais adiante Freud subdividiu a mente em três compartimentos: **Id**, **Ego** e **Superego**. O Id e o Superego são inconscientes, e o Ego é parte inconsciente e parte consciente.

No **Id** residem nossos impulsos ou desejos; o Ego é uma espécie de "administrador" da nossa vida psíquica e regulador de nossa autoestima, e o **Superego** é uma espécie de "legislador interno", que estabelece as regras para a convivência social, e funciona ainda como um juiz responsável pela autopunição quando essas regras não são cumpridas. Essa autopunição geralmente se expressa pelos sentimentos de culpa que experimentamos quando infringimos as normas ou valores de nossa "moral interna".

O **Ego**, em sua função de administrador, faz o "meio de campo" entre as vontades que queremos satisfazer (através do **Id**) e as restrições a elas impostas pela censura do **Superego**. Sem essa intermediação, nossa vida de relação com os outros seres humanos se tornaria inviável. É ele o mediador entre o que Freud chamou de **princípio do prazer** e **princípio da realidade**, os dois princípios que regem nossa "vida anímica" e cujo confronto se expressa pelo "**conflito psíquico**".

Quem já não escutou expressões tais como: "Ontem recebi elogios que me deixaram com o ego inflado..."; "Ela me faz massagens no ego sempre que estou deprimido..."; "Dissolvi o Superego em álcool e liberei os monstros do meu Id..."; "Eu não queria ter feito o que fiz, foi inconsciente...", e tantas outras?

Falamos acima em conflito psíquico e sentimentos de culpa e eles tem tudo a ver com outra das descobertas de Freud: o **Complexo de Édipo**. Vocês já devem ter ouvido falar dele também.

O complexo de Édipo pode ser brevemente descrito como a atração que a criança sente pelo progenitor do sexo oposto e a rivalidade com o progenitor do mesmo sexo. Em outras palavras, amar e desejar a mãe e querer eliminar o pai para ficar com a mãe; ou, em se tratando da menina, amar e desejar o pai e querer eliminar a mãe para ficar com o pai. Isso tudo se passaria lá na parte oculta do iceberg e estabelece um conflito psíquico e gera intensos sentimentos de culpa, porque a criança também tem sentimentos amorosos pelo progenitor que considera rival.

O Complexo de Édipo seria a base do tabu do incesto, presente em praticamente todas as culturas, que é a proibição de se casar (ou procriar) com quem se tenha laços sanguíneos.

Para Freud este complexo é universal e está presente em todos os seres humanos, o que não é aceito por muitos antropólogos e outros estudiosos do comportamento humano.

Freud foi buscar confirmação de sua descoberta e substrato para a concepção de sua universalidade no mito grego de Édipo, daí o nome "Complexo de Édipo".

PSYDROP 6
COMPLEXO DE ÉDIPO

Foi através da análise de seus próprios sonhos, das associações livres fornecidas pelos pacientes e do exame do que estava por trás da transferência que apresentavam que Freud descobriu o Complexo de Édipo.

Mas o que nos conta a lenda de onde Freud extraiu suas convicções a respeito do que considerou o conflito psíquico primordial?

Laio, rei de Tebas, era esposo de Jocasta, que deu à luz Édipo. Um oráculo predisse que Laio seria morto por seu filho, que se casaria com sua mãe, o que o levou a entregá-lo tão logo nasceu a um criado com a ordem que o matasse. Este, com pena da criança, entregou-a um pastor que, por sua vez, doou-a aos reis de Corinto, que não tinham descendentes, e criaram Édipo como fosse seu filho. Já adulto, Édipo consultou um oráculo, que lhe fez a mesma profecia feita à Laio: que ele mataria seu pai e casaria com sua mãe. Para que a profecia não se realizasse, Édipo, que pensava ser filho legítimo dos reis de Corinto, abandonou seu reino e foi para Tebas. Numa encruzilhada, confrontando-se com um estranho, acaba por matá-lo, sem saber que se tratava de Laio, seu pai verdadeiro. Após salvar Tebas da peste, decifrando um enigma que lhe propôs a esfinge, Édipo foi recebido como novo rei, já que Laio estava morto. E casou-se com a rainha, Jocasta, sua mãe, tendo com ela quatro filhos. Depois, quando descobre que a profecia se cumprira, Édipo cega-se como autopunição.

O mito de Édipo chegou a Freud através de uma das mais célebres peças da dramaturgia mundial, escrita por Sófocles. A tragédia passou a ser considerada um ícone das narrativas sobre amores incestuosos.

Link com a literatura e o cinema

Nada como a própria tragédia de Sófocles, intitulada "Édipo Rei", para evidenciar a presença do Complexo de Édipo na literatura. Eis o trecho em que Édipo, após uma pesquisa detetivesca para chegar ao conhecimento de suas origens, desespera-se com as conclusões a que chegara: "Oh! Ai de mim! Tudo está claro! Ó luz, que eu te vejo pela derradeira vez! Todos agora sabem: tudo me era interdito; ser filho de quem sou, casar-me com quem casei e... e... eu matei aquele a quem não poderia matar!"

O diretor Pasolini levou para o cinema, com o mesmo título da tragédia de Sófocles, "Édipo Rei", uma versão transcodificada do drama, em que num prólogo e num epílogo transpõe para personagens da classe média urbana de uma cidade italiana do século XX os conteúdos simbólicos das origens e trágico destino de Édipo.

Tanto a literatura como o cinema tem tratado exaustivamente do tema dos amores incestuosos, não só entre filhos e pais como entre irmãos. Mencione-se o texto "Os Maias", de Eça de Queiroz, que retrata o incesto vivido entre Carlos e Maria Eduarda. No cinema, "As vagas estrelas da Ursa Maior", de Luchino Visconti, faz uma abordagem sutil e delicada de um amor incestuoso entre irmãos. Mais recentemente, o filme norte-americano "Harry & Max" tratou do amor incestuoso entre irmãos homossexuais. O filme "Os sonhadores", do diretor italiano Bernardo Bertolucci, baseado no romance "The holy innocents", de Gilbert Adair, também traz uma sutil relação de intimidade entre dois irmãos franceses, Isabelle e Theo.

DICAS: Apesar do reiterado comparecimento de situações edípicas ou incestuosas na literatura, na dramaturgia e no cinema, a ponto de torná-las lugares comuns nos textos e roteiros, um personagem envolvido em tais situações sempre desperta o interesse de leitores ou espectadores. Mas cuidado para não cair na vulgaridade ou repetição estereotipada.

PSYDROP 7
CONFLITO PSÍQUICO

O **conflito psíquico** é um conflito entre o **Id** e o **Ego**. O Superego (moral interna) geralmente se posiciona ao lado do Ego, embora também possa, eventualmente, estar associado ao Id.

Desse conflito emerge a angústia e as demais expressões de desconforto emocional (sintomas psíquicos), que o Ego procura controlar ou mitigar através de seus **mecanismos de defesa** (vide psydrops da Série III).

Exemplos:

Id x Ego (+ Superego) – Paulo tem o impulso de declarar a atração que sente (movido pelo princípio do prazer) pela namorada de Pedro, mas não o faz porque, por bem conhecê-los (princípio da realidade), sabe que ela o rejeitará e Pedro terá uma reação violenta. Por outro lado, os princípios éticos que Paulo trouxe do ambiente sócio-familiar em que foi criado (superego) determinam que se deva respeitar a mulher do próximo.

Id (+ Superego) x Ego – Zezinho é agredido fisicamente por um colega na escola e seu desejo (princípio do prazer) é revidar, desejo este reforçado pela moralidade doméstica que incorporou a seu código de valores interno (superego), através da lembrança do que seu pai dizia sobre "não se levar desaforo para casa". No entanto, a percepção (princípio da realidade veiculado pelo Ego) de que tem menos força física que seu oponente se opõe a seu desejo de enfrentá-lo.

Link com a literatura

Como sabemos, uma narrativa não se desenvolve sem conflitos, mas muitas vezes esses conflitos não são apenas entre os personagens, mas sim um conflito interno do protagonista. Em *"Crime e Castigo"*, de Dostoievski, comparecem ambas modalidades de conflito: Raskólnikov comete um crime movido por seus impulsos agressivos (Id), mas sua consciência moral (Superego) o leva a sentimentos de culpa, dos quais procura livrar-se (Ego) doando a quantia roubada da vítima à personagem Sônia; ao mesmo tempo o personagem está em conflito com as regras da sociedade que exigem a punição do assassino, punição que acaba por se consumar, embora com atenuantes por seu arrependimento e ausência de antecedentes criminais.

DICAS: A presença de um conflito, interno ou externo, é imprescindível para a história fluir e prender a atenção do leitor. Pode ser o conflito que move a trama (alguém que quer alguma coisa e precisa passar por obstáculos para isso), e/ou conflitos internos dos personagens, que também necessitam de solução. Isso tudo gera ótimas possibilidades de se estabelecer a trama.

Os psydrops apresentados na Série II correspondem ao:
6. Complexo de Édipo;
7. Conflito psíquico.

EXERCÍCIOS RELACIONADOS AOS PSYDROPS DA SÉRIE II

1. Vimos, assim, que uma estória consiste basicamente em um personagem com um objetivo e encontrando obstáculos que o impedem de alcançá-lo.

Pois então vamos ver se você identifica que conteúdo edipiano constitui-se em obstáculo para o personagem apresentado a seguir alcançar seu objetivo.

Jorge era muito ligado à sua mãe e custou a se casar, alegando que jamais encontraria uma mulher que pudesse substituí-la em seu coração. Quando, já um homem maduro, cedeu às pressões de amigos e das insinuações preconceituosas de que deveria ser gay, Jorge finalmente encontrou alguém que parecia corresponder à imagem que tinha da mãe: uma mulher bela, inteligente e carinhosa. Meses se passaram e Jorge não conseguia consumar uma relação sexual com sua mulher, porque pensava na mãe.

Indique, nos espaços em branco, qual o compartimento da mente (Id, Ego ou Superego) se manifesta na seguinte situação de conflito psíquico:

João chegou tarde em casa porque tinha ido jantar com os amigos e decidira ficar assistindo a uma partida de futebol no telão do restaurante. Sua mulher o recebeu mal-humorada e, quando ele tentou justificar o atraso, ela insinuou que ele devia era estar na gandaia com prostitutas. João, sentindo-se injustiçado, teve vontade de desferir-lhe um tapa ( ), mas se conteve. Lembrou-se da última vez em que, irritado com as constantes e infundadas acusações da mulher, a empurrou contra um espelho, ferindo-a. Controlou-se, então, para não se recriminar depois ( ). Decidiu então convidá-la a jantar com ele no mesmo restaurante no dia seguinte ( ). Lá chegando, o gerente foi cumprimentá-lo à porta, agradeceu-lhe pela frequência e comentou que naquele dia o telão não estaria exibindo um jogo de futebol, mas a novela das nove, o que deveria ser do agrado de quem o acompanhava.

Série III
Psydrops relativos aos mecanismos de defesa (adaptação) do ego

Introdução

O que são e para que servem os mecanismos de defesa ou adaptação

Os mecanismos de defesa são recursos que o Ego usa para controlar a angústia e as demais manifestações de sofrimento psíquico (sintomas).

Como esses se mecanismos vinculam ao processo de desenvolvimento da personalidade, há quem prefira chamá--los de mecanismos de "**adaptação**" do Ego às circunstâncias da realidade; ou ainda mecanismos "**evolutivos**", por fazerem parte do processo da evolução psíquica de todo ser humano.

Os mecanismos de defesa são inconscientes e não se pautam pelo **pensamento lógico**, mas sim pelo **pensamento mágico**, estando a serviço do princípio do prazer (ou evitação do desprazer).

Quando nascemos não possuímos condições de reconhecer o mundo e a realidade à nossa volta com os recursos que o pensamento *lógico* e a possibilidade de abstrair nos fornecerão ao longo da nossa evolução psíquica. Funcionamos, de acordo com Freud, segundo o *processo primário*, em que ainda não existe uma representação mental das coisas e pessoas que nos cercam. O pensamento nasce, portanto, ilógico, atemporal, não ancorado à realidade, e sem regras ou limites que o modelem. Ou seja, *mágico*. Provavelmente é por um retorno nostálgico a esse período livre de restrições impostas pelo raciocínio aprisionado pela lógica que as obras de ficção e o fantasiar ("sonhar acordado") nos fascinem tanto.

A pré-condição para a ocorrência dos mecanismos de defesa é a presença do que se chama de **controle onipotente** (ou *onipotência do pensamento*). É como se fosse a matéria prima de que se constituem todos os mecanismos.

A angústia primordial do ser humano está primordialmente ligada à sua absoluta fragilidade e dependência do outro (mãe) para existir. Supõe-se, então, que para lidar com essa situação dentro de sua mente o bebê se imagina compensatoriamente tão poderoso que pode controlar a mãe e o mundo à sua volta: assim, quando berra para sinalizar que está com fome e a mãe lhe oferece o seio é como se com sua mente criasse e controlasse esse seio alimentador, já que não tem noção ainda de que ele e a mãe são dois seres distintos e o seio não lhe pertence e está fora de seu corpo. Mais adiante, ao longo da vida, em situações de extrema angústia, o indivíduo pode fantasiar que possui um poder que o protege de todo o mal e da possibilidade de ser destruído.

Os super-heróis seriam a simbolização desse "poder que tudo pode", a tudo controla a partir da sua vontade.

Quando dizemos que o controle onipotente é como se fosse o ingrediente presente em todos os demais mecanismos de defesa é porque sem ele não se formam as condições para que a mente possa aliviar ou extinguir as angústias que ameaçam o ego.

Os mecanismos de defesa mais primitivos, porque são empregados desde o primeiro ano de vida, são: *negação, dissociação, introjeção. Identificação introjetiva, projeção e identificação projetiva.*

Os demais mecanismos, que só aparecem posteriormente na vida do indivíduo, são: *deslocamento, condensação, formação reativa, racionalização, anulação, isolamento, compensação, repressão, conversão, regressão e sublimação.*

É no emprego adequado dos mecanismos de defesa no comportamento de seus personagens no transcurso da trama que reside o maior desafio dos autores na composição psicológica de suas criaturas.

Por isso, você encontrará, nas próximas páginas, o material necessário para compor adequadamente os personagens que darão vida às suas estórias, sendo capaz de dotá-los de características psicológicas que os aproximem, tanto quanto possível, das pessoas reais com quem os leitores ou telespectadores convivem diariamente.

Psydrop 8
Negação

Negação é o recurso de que lançamos mão para nos livrarmos da angústia, "fazendo de conta" que o elemento gerador desta angústia não existe. É uma ilusão criada pela mente, que não se mantém, permitindo que a angústia volte.

A negação é considerada o primeiro e mais universal de todos os mecanismos de defesa, e, tendo aparecido na primeira infância, segue pela vida afora nos ajudando a lidar com as angústias que nos acometem. Quando, por exemplo, um adulto sofre a perda abrupta de um ser muito amado num acidente, seu primeiro impulso é negar esta perda, dizendo: "não é verdade que ele (ela) morreu", e, muitas vezes, pede reforço desta negação por parte dos circunstantes: "digam que não é verdade que morreu."

Na construção de um personagem que, por hipótese, é um empresário que está à beira da falência por oferecer produtos de qualidade inferior à dos competidores por preços equivalentes, podemos criar cenas em que ele aparece tomando providências para substituir o responsável pelo setor de vendas, cogitando investir em mercados futuros ou promovendo uma campanha de marketing focada na criação de uma nova marca, situações em que fica evidente a negação do que está acontecendo.

Link com a literatura e o cinema

No filme "O príncipe das marés", baseado no livro homônimo de Pat Conroy, há uma cena em que o protagonista revela a uma psiquiatra uma situação traumática de sua infância por ocasião de um estupro, praticado por três bandidos foragidos de uma prisão, contra sua mãe, uma irmã e ele próprio. Ao relatar a cena, o faz como se as vítimas fossem apenas sua mãe e a irmã, não conseguindo lembrar-se **(negação)** da presença do terceiro elemento, que fora quem o violentara.

DICA: Por ser o mais primitivo e universal dos mecanismos de defesa, deve comparecer em diversas situações vividas pelos personagens, se os autores quiserem bem caracterizá-los psicologicamente.

PSYDROP 9
DISSOCIAÇÃO

A dissociação é o mecanismo pelo qual fragmentamos as fontes geradoras de angústia para facilitar a sua administração pelo Ego. Imaginemos que quando o bebê tem fome e ele é alimentado pela mãe, a ideia que ele faz do seio é que ele é "bom", e quando a mãe não lhe dá o leite e ele continua com fome, julga esse mesmo seio "mau". O seio é um só, mas na mente do bebê ele é "dissociado" num seio que é bom quando o alimenta, e outro, mau, quando não o alimenta.

Essa dissociação é a base das atitudes maniqueístas dos adultos, que dividem o mundo e as pessoas e as situações em "boas" e "más", conforme nos agradem e gratifiquem ou nos contrariem e frustrem. (Os bons nos protegem e consequentemente não nos causam angústias, e os maus nos ameaçam e por isso nos deixam aflitos.)

Links com a literatura

Um exemplo clássico nas obras de ficção é o que ocorre em "O Médico e o Monstro", de Robert Louis Stevenson, onde o personagem aparece dissociado numa figura boa (Dr. Jekill) e noutra má (Mr. Hyde).

Nem sempre a dissociação é apenas entre o bem e o mal. Pode ser, como no caso das chamadas múltiplas personalidades, entre características infantis e adultas, ou entre aspectos femininos e masculinos.

Riobaldo, personagem da obra Grande Sertão e Veredas, de Guimarães Rosa, é uma mulher que aparece na trama como um homem, para realizar seu desejo de se incorporar a um bando de cangaceiros.

DICA: Pela sensação de estranheza que causa, o emprego da dissociação pode ser útil na criação de obras ou filmes de terror.

PSYDROP 10
INTROJEÇÃO E IDENTIFICAÇÃO INTROJETIVA

A introjeção é o mecanismo segundo o qual é assimilado pela mente do bebê o que recebe como "alimento afetivo", inicialmente por parte da mãe e depois por outras pessoas de seu universo emocional. Esse mecanismo é o que empregam os aborígenes antropófagos, quando acham que estão incorporando as qualidades (especialmente a coragem) das vítimas ingeridas. A introjeção é a base da imitação: imitamos aquilo ou aqueles que admiramos e na medida em que com eles nos identificamos nos sentimos mais seguros e protegidos contra as angústias em geral.

Já a identificação introjetiva é o uso da introjeção para também moldarmos nossa personalidade através da incorporação à nossa identidade pessoal de características das pessoas significativas de nossa vida com quem nos relacionamos (pais, professores, amigos, etc.).

Quando Joãozinho se dirige a seu cachorrinho imitando a voz de papai e cruza as pernas como ele ou Mariazinha veste os sapatos da mamãe e brinca de se maquiar como ela, dizemos que as crianças estão se identificando por imitação (introjeção) com as figuras dos pais.

Quando uma telespectadora xinga na rua a vilã da novela, mostra que está tão identificada introjetivamente com a vítima das maldades da vilã que sente como se a estivesse concretamente vingando pela agressão verbal cometida contra a atriz que a interpreta.

Link com a dramaturgia e o cinema

Na peça "Idioglossia" de Mark Handley, transposta para o cinema com o título da personagem central, Nell, vemos um muito sugestivo exemplo de identificação introjetiva. Nell é uma jovem que vivia com a mãe eremita e uma irmã gêmea isolada da civilização numa floresta da Carolina do Norte. A mãe sofrera um acidente vascular cerebral que paralisara um lado de sua face e comprometera sua fala, presumivelmente antes que Nell aprendesse a falar. A irmã gêmea morreu quando Nell era ainda menina. Assim, a linguagem de Nell, incompreensível para os que a encontraram, evidenciava sua identificação introjetiva com o modo da mãe falar.

DICA: Pela importância deste mecanismo na vida da criança o seu emprego adequado é enriquecedor na literatura e filmes destinados ao público infantil.

PSYDROP 11
PROJEÇÃO E IDENTIFICAÇÃO PROJETIVA

A **projeção** é o mecanismo com o qual nos livramos dos sentimentos indesejáveis atribuindo-os a outrem. Imagine-se que para livrar-se da raiva contra o seio materno quando esse não o alimenta o bebê atribui essa raiva à mãe, de quem se sente vítima. Dizemos, então, que ele está "projetando" na mãe um sentimento que originalmente é seu. Essa é a base da escolha do "bode expiatório", que carrega alguma característica que está presente em nós também, mas que nos angustia ter de admitir que nos pertença. A história está cheia de falsos moralistas que condenam nos outros atrocidades que, em determinadas circunstâncias, também cometeriam.

Há uma forma de projeção – denominada **identificação projetiva** – que consiste em nos pormos no lugar do outro. Quando dizemos "se eu fosse você faria assim ou assado", estamos colocando na cabeça do outro o que está na nossa, ou mesmo lhe propondo aquelas ações que nós tomaríamos em seu lugar.

A identificação projetiva é ainda a base da empatia, que é a faculdade de nos identificarmos com as necessidades, sofrimentos ou satisfações de alguém. Assim, os mecanismos de defesa nem sempre correspondem às tentativas do ego de nos livrar das angústias que nos acometem, mas também estão a serviço da percepção das dores e alegrias alheias, que são o substrato da atitude cuidadora em relação a nossos semelhantes, bem como da solidariedade humana e do prazer da convivência. É por esta razão que também foram denominados **mecanismos evolutivos** (no sentido de se relacionarem com o amadurecimento psicológico do ser humano).

Link com a literatura

No livro "O Retrato de Dorian Gray", do escritor irlandês Oscar Wilde, há uma passagem em que o pintor Basil, que pintou o retrato de Dorian, comenta que colocou (projetou) na figura que criou com seus pincéis tantos aspectos de si mesmo que não quer vê-lo exposto. Diz ele, textualmente: "Cada retrato que é pintado com sentimentos é o retrato do artista, não do modelo. O modelo é meramente o acidente, a ocasião. Não é ele que é revelado pelo pintor; é antes o pintor que, na tela colorida, revela-se ele mesmo."

Dica: As estórias e filmes de terror em que um personagem invade a mente de alguém e controla seus pensamentos são excelentes ilustrações do emprego ficcional deste mecanismo de defesa.

De fato, não há como o autor fugir de revelar em suas obras aspectos de si mesmo. É por isso que se diz que toda a obra é na verdade ao menos um pouco autobiográfica. Tanto que negar essa evidência ou dela tentar escapar por um esforço consciente como, ao contrário, procurar transpor fragmentos da vida do autor a uma obra de ficção, pode comprometer a autenticidade ou espontaneidade de um relato.

PSYDROP 12
DESLOCAMENTO

Deslocamento é o mecanismo segundo o qual transferimos para outra pessoa sentimentos originalmente sentidos em relação a alguém. Por exemplo, quando passamos a experimentar aversão por quem acabamos de conhecer porque ele nos recorda certa pessoa do passado com quem tivemos uma desavença. Ou quando sentimos simpatia por determinado colega de trabalho porque ele se parece com um amigo de infância que tivemos. Ou, ainda, quando uma mulher sente atração por determinado homem porque ele se parece com seu pai.

Podemos enriquecer a criação de uma cena dramática descritiva de um conflito conjugal nos valendo de deslocamentos, como, por exemplo, no seguinte diálogo:

– Vá se queixar noutra freguesia! – berrou ele, levantando-se de um salto do sofá onde estava. – Não me venha com lamúrias, não aguento mais essa cantilena cada vez que você chega em casa. *Parece minha mãe*, sempre de mal com a vida.

– No fundo você é um autoritário, *igualzinho ao meu pai*, e não se assume como tal. Por trás do marido liberal, que diz estimular a carreira de sua mulher e faz questão de dizer a seus amigos o quanto sou inteligente e me destaco em tudo que faço, está o machista que me quer para dona de casa e babá de seu filho.

Link com a literatura

No romance de James McSill, "Interlúdio", existe um interessante exemplo de deslocamento, quando o pai do personagem Denis toma conhecimento de sua ligação homossexual com o personagem Lázaro, tira do aquário o peixinho de estimação do filho e transfixa sua cabeça com um prego enferrujado, como se isso fosse o que desejaria fazer com o "amigo de estimação" do filho.

Dica: Sempre que estivermos a lidar com uma situação conflituosa os deslocamentos podem ser uma forma de acentuar ou realçar o conflito.

PSYDROP 13

CONDENSAÇÃO

Condensação é o mecanismo presente nos sonhos, onde distintas ideias, imagens ou ações aparecem fusionadas e imprecisas para que não se revele o trauma original que desencadeou o sonho e desperta angústia no indivíduo. João pode sonhar, por exemplo, que seu carro está pegando fogo, mas o extintor de incêndio não funciona e alguém vem ajudá-lo, ao mesmo tempo em que um oficial de justiça aparece com uma intimação para que compareça a uma audiência sobre um litígio com um sócio. Na véspera teve uma discussão com a esposa, na qual se falou em separação ("carro pegando fogo") e se cogitou de procurar ajuda com um terapeuta de casais ("audiência sobre o litígio com a esposa").

O sonho, através do mecanismo de condensação, permite ao sonhador experimentar uma situação que o vem angustiando representada por outra que lhe é psicologicamente equivalente, mas de menor carga ou tensão emocional, como, por exemplo, uma pessoa que acabou de ser rejeitada pela criatura que ama e sonha que está sendo reprovada num exame. É, pois, um recurso que torna o sonho similar a um texto ficcional. Jean Cocteau dizia que *os sonhos são a literatura do sono*.

Link com a literatura

"A Gradiva" de Jensen, romance que inspirou vários surrealistas e foi o primeiro livro analisado sob o prisma da psicanálise por Freud em 1907, tem sua trama urdida a partir dos efeitos de um sonho

sobre o personagem, o arqueólogo Norbert Hanold. Nesse sonho o arqueólogo condensa a imagem de Gradiva, uma figura de um baixo relevo romano do século II, com a de Zoe Bertgung, um antigo amor de sua infância. Norbert só vai perceber essa condensação feita no sonho através de um longo e complexo processo em que vai se desvelando a ligação entre Gradiva e seu primeiro amor. Havia associado essa menina a uma mulher idealizada que o fascina - a Gradiva do baixo relevo. Seus sentimentos se deslocam, então, da mulher de mármore para a pessoa de Zoe.

Dica: Quando pomos um personagem a sonhar, a utilização do mecanismo de condensação não só enriquece a trama do sonho como enseja trazer à tona conteúdos até então subjacentes à trama e recontextualizar situações dramáticas.

Muitos autores de ficção se utilizam do recurso dos "sonhos", em que os personagens vivenciam experiências durante o sono que acabam por imprimir grande impacto na resolução dos conflitos da trama. Lembre-se de que, a não ser que se trate de uma estória surreal, será preciso agregar os elementos corretos a essas situações, para que não soem artificiais, como saídas pouco imaginativas.

PSYDROP 14
FORMAÇÃO REATIVA

Formação reativa é o mecanismo segundo o qual agimos de forma oposta ao sentimento negativo que experimentamos em relação à determinada pessoa. Assim, podemos nos tornar extremamente gentis e tolerantes justamente em relação a quem sentimos antipatia ou rejeição. Tal qual o profissional que elogia o colega a quem detesta. Ou a professora que na escola cumula de atenções justamente o aluno com o qual antipatiza. É o mecanismo que está associado à *hipocrisia*.

Não devemos confundir *formação reativa* com *ação reativa* ao comportamento de outra pessoa; essa última trata-se de uma atitude consciente de reação ao que nos desagrada e não de um mecanismo inconsciente como são os empregados pelo ego para controlar a ansiedade. Quando alguém, injuriado, esbofeteia seu desafeto porque o acusou injustamente de haver roubado sua carteira de clientes na firma onde trabalham está cometendo uma ação reativa; já quando a mesma pessoa louva o desempenho de um colega a quem deseja superar, pode estar usando o mecanismo de *formação reativa* para controlar a angústia que sente por desejar o fracasso de um concorrente.

O humor sarcástico dos chargistas contem frequentemente expressões do emprego da formação reativa, quando, por exemplo, satirizam quem no fundo admiram ou quando criam um perfil virtuoso para quem desprezam.

Link com a literatura e o cinema

Os bem sucedidos romances policiais geralmente contêm cenas em que o investigador de um crime desconcerta o assassino através de uma formação reativa, ou seja, tratando-o como aquele em quem as suspeitas não recairiam. Poirot, detetive personagem de Agatha Christie, usa quase que sistematicamente este modo de desconcertar o suspeito e predispô-lo a cair numa de suas armadilhas para então desmascará-lo. Por sua vez, o detetive Columbo, de uma famosa série policial no cinema norte-americano, num de seus diálogos com quem supõe ser o autor do crime elogia sua disponibilidade em cooperar para a sua solução.

DICA: Cenas em que o antagonista de um personagem evita expressar seus reais sentimentos em relação a ele pelo uso de formações reativas podem ficar muito interessantes por apresentar o conflito de uma forma sutil e que estimula o leitor a fantasiar o desfecho daquele velado confronto.

PSYDROP 15

RACIONALIZAÇÃO

A **racionalização** implica no uso de argumentos lógicos para justificar determinado sentimento ou comportamento adotado, quando feito sem que se identifique seus propósitos e por isso a serviço das defesas inconscientes do Ego. Alguém pode, por exemplo, justificar que sobe pelas escadas para fazer exercício quando na verdade tem fobia a andar de elevador.

A metáfora utilizada para ilustração desse mecanismo, que é dos mais empregados, está contida na fábula "A raposa e as uvas", em que a raposa alega que as uvas ainda estão verdes, quando na verdade não pode é alcançá-las.

A mulher estéril, que se defende da angústia de não poder gerar um filho com o argumento de que uma gravidez iria prejudicar o desenvolvimento de sua carreira profissional tão promissora, está se valendo de uma racionalização.

A racionalização nem sempre obedece às leis da lógica e pode se justificar por sentimentos premonitórios: na lenda grega Laio manda matar seu filho Édipo porque o oráculo lhe vaticinou que seria por seu filho morto um dia.

Link com a literatura

No livro de Umberto Eco, "O Nome da Rosa", Jorge de Burgos, o monge cego guardião da biblioteca da abadia, justifica seus assassinatos, através do envenenamento das páginas da Poética de Aristóteles, com o argumento que seus eventuais leitores não deveriam ter acesso e serem contaminados pelas ideias do filósofo que, segundo o monge assassino, ameaçava a essência da cristandade. Diz o monge a certa altura: "Deste livro poderia nascer a nova e destrutiva aspiração a destruir a morte através da libertação do medo. E o que seremos nós, criaturas pecadoras, sem o medo, talvez o mais benéfico e afetuoso dos dons divinos?". E mais adiante, "racionalizando": "Os simples não devem falar. Este livro teria justificado a ideia de que a língua dos simples é portadora de alguma sabedoria. Era preciso impedir isso, foi o que fiz. Tu dizes que eu sou o diabo: não é a verdade. Eu fui a mão de Deus".

DICA: A racionalização é o mecanismo de defesa característico dos intelectuais e indivíduos aferrados à lógica dos argumentos. Portanto, se esse for o perfil do personagem que um autor deseja criar, será importante ter em mente de quais angústias o personagem estará tentando se livrar com o emprego de tal mecanismo.

PSYDROP 16

ANULAÇÃO, ISOLAMENTO E COMPENSAÇÃO

A **anulação** consiste em realizar um ato que simbolicamente teria a finalidade de anular um pensamento ou ação praticada que a pessoa condena e por isso lhe desperta angústia. A confissão religiosa remete a este mecanismo: o crente, ao confessar seus pecados, busca através da penitência que recebe do sacerdote "anular" a punição que poderia receber pelo mal cometido.

A anulação é muitas vezes confundida com outro mecanismo de defesa, o isolamento. O **isolamento** obedece a propósitos similares aos da anulação, mas corresponde não a uma ação posterior, e sim *simultânea* para evitar o dano fantasiosamente causado. É expressão clássica deste mecanismo o ato de cruzar os dedos da mão enquanto no pensamento transita algum desejo sexual ou agressivo pelo qual se teme punição ou retaliação. Ou fazer o sinal da cruz quando o avião decola para "isolar" o perigo de um acidente.

A **compensação** é um mecanismo similar aos dois anteriores, em que se exerce uma ação contrária a outra prévia que supostamente causou dano a alguém. O marido que tem o impulso de comprar flores e convidar a mulher para jantar fora, sem se dar conta (conteúdo inconsciente) de que com isso está tentando compensá-la de algum mal que julga ter feito a ela recentemente. O chefe que "sem saber por que" (conteúdo inconsciente) resolve finalmente atender reivindicação de aumento salarial do funcionário de que se valeu, no passado, para cometer uma fraude.

Link com a literatura e o cinema

O livro "O caçador de pipas", de Khaled Hosseini, que foi transposto para as telas do cinema, traz a estória de Amir, que por haver traído um grande amigo de infância, Hassan, que depois veio a saber ser seu meio irmão, carrega um forte sentimento de culpa que só é aliviado quando muitos anos depois salva Sohrab, filho de Hassan (que já havia morrido), das mãos de seus algozes e o adota como filho, "*compensando*" assim o mal feito. Diz então Amir: "*Fiquei imaginando se era assim que brotava o perdão, não com as fanfarras da epifania, mas com a dor juntando as suas coisas, fazendo as trouxas e indo embora, sorrateira, no meio da noite*".

Dica: Num romance policial que está sendo escrito, o mandante de um crime – por hipótese, a eliminação de uma esposa que o trai – pode entrar num cinema para assistir a uma comédia (enquanto o assassinato se consuma), com o propósito inconsciente de "isolar" a angústia que lhe desperta o estar acabando com a vida de quem foi seu objeto de amor. Mas atenção! Se o mandante do crime entra no cinema para buscar com isso um álibi que o livre da acusação do crime não se trata de um mecanismo de defesa (que é inconsciente), e sim de uma ação deliberada, consciente.

Em romances policiais, portanto, este recurso pode ser especialmente eficiente e gerar resultados interessantes. Não apenas se pode criar antagonistas que apresentem estas características, mas também o próprio protagonista pode ser o personagem que as demonstrará. Tipos de maior complexidade psicológica, se bem construídos, conseguem prender o leitor às páginas do livro ou o espectador à tela. A anulação, o isolamento e a compensação, portanto, podem ser ótimos recursos com que se aparelhar personagens de maior profundidade psicológica.

Psydrop 17

Repressão

Repressão (ou recalcamento) é o mecanismo que leva o indivíduo a não dar vazão a impulsos eróticos ou hostis que, se convertidos em ações, desencadeariam situações de extrema angústia ou riscos à integridade física de quem as cometeu. Foi o primeiro mecanismo de defesa descrito por Freud e que permitiu a identificação de sentimentos não aceitos pelos valores morais de suas pacientes. Tais sentimentos, por elas tidos como condenáveis, despertariam muito angústia se trazidos à consciência, e por isso diz-se que foram reprimidos, ou seja, mantidos inconscientes.

A ocultação de sua identidade por parte de representantes de minorias discriminadas pode ser explicada por um mecanismo de repressão, pois a angústia em se assumirem como membros daquele grupo discriminado, e muitas vezes sujeito a ações de extermínio (como os judeus no holocausto), os leva a reprimirem a expressão de suas origens.

A autoimolação a que se sujeitam certos mártires pode também ser arrolada como expressão de repressão de seus sentimentos de ódio contra aqueles que julgam tiranizá-los ou a seu povo. Matam-se para não sair a matar quem odeiam.

Link com a literatura

As irmãs inglesas Brontë, elas próprias vítimas da repressão à sexualidade das mulheres vigente na época vitoriana em que viveram, criaram em suas obras personagens femininas sugestivamente reprimidas.

DICA: Sempre que um texto está tratando de situações de preconceitos a repressão aparece como um mecanismo prevalente. Assim, se determinado autor está narrando a trajetória de um personagem homossexual, que acaba cometendo suicídio para não revelar o que supõe que o tornará alvo de rechaço e punição por parte de um pai machista e violento, poderá tirar partido de seu conhecimento sobre o mecanismo da repressão para enriquecer seu relato.

PSYDROP 18
CONVERSÃO

Conversão é o mecanismo pelo qual se transformam em sintomas físicos os sentimentos reprimidos pela não aceitação dos mesmos por razões morais. Seu aparecimento coincide ou segue-se à repressão.

A paciente de Freud (referida no Psydrop 3) apresentava manifestações somáticas correspondentes a esse mecanismo, tais como cegueira, tosse nervosa, impossibilidade de engolir ou de caminhar.

Esse mecanismo estaria, dessa forma, presente nas somatizações em geral, ou seja, quando sintomas físicos aparecem sem distúrbios de natureza orgânica que os justifiquem. Um exemplo: paciente somatiza uma paralisia do membro superior utilizado em algum momento passado para agredir a mãe num momento de fúria.

Link com a literatura

Emma Bovary, personagem do clássico romance de Flaubert, após sua desilusão amorosa com o amante Rodolphe, fica quarenta e três dias sem falar, sem aparentemente ouvir nada, parecendo mesmo não sofrer, pois era como se "seu corpo e alma descansassem juntos de todas as suas agitações". Esse trecho da obra prima de Flaubert evidencia o quão efetivo pode ser este mecanismo do ego no "apagar", ainda que não definitivamente, angústias decorrentes das frustrações dos desejos pela imposição da realidade.

Dica: A eleição desse mecanismo como a maneira primordial de esquivar-se das vicissitudes da vida pode constituir-se em matéria prima para criarmos um personagem que tanto pode ser hilário, como trágico, sempre que um texto está tratando de situações de preconceitos a repressão aparece como um mecanismo prevalente. Assim, se determinado autor está narrando a trajetória de um personagem homossexual, que acaba cometendo suicídio para não revelar o que supõe que o tornará alvo de rechaço e punição por parte de um pai machista e violento, poderá tirar partido de seu conhecimento sobre o mecanismo da repressão para enriquecer seu relato.

Psydrop 19

Idealização

Idealização é o mecanismo segundo o qual conferimos a pessoas significativas de nossas vidas qualidades que elas não possuem ou que são por nós exageradas. As crianças costumam conferir aos pais virtudes e poderes que eles não têm, com o propósito de assegurar-se de que são confiáveis e os protegerão em quaisquer circunstâncias. Com essa idealização das figuras paternas, não precisam sentir-se angustiadas por serem tão frágeis e vulneráveis.

Quem está apaixonado por alguém só vê qualidades na pessoa pela qual se apaixonou. Percebê-la como uma criatura perfeita permite pressupor um relacionamento ideal e sem ter que se enfrentar com a angústia de que não saiba fazer escolhas adequadas.

Um aluno idealiza seu supervisor e o vê como alguém que tudo sabe de seu ofício. Isso o tranquiliza e o faz sentir-se em vantagem com relação a competidores que não têm um mestre tão sábio como acha que é o seu.

O realismo foi um movimento literário que se opôs à exagerada tendência à idealização dos autores na criação das personagens românticas, tidas como pouco verossímeis na medida em que exageravam qualidades (ou mesmo defeitos, como contraponto maniqueísta).

Link com a literatura, o cinema e a teledramaturgia

As idealizações aparecem, sobretudo, na criação dos heróis da literatura infanto-juvenil. Igualmente os galãs e mocinhas das novelas de TV e do cinema são figuras idealizadas criadas com o fito de possibilitar aos espectadores momentos escapistas, que lhes permitam viver num mundo ilusório onde há criaturas virtuosas e não sujeitas às imperfeições humanas.

DICA: Evite o exagerado emprego de idealizações na formatação de seus personagens. Trata-se de um cuidado que os autores contemporâneos precisam ter para agradar os leitores de nossos dias. As idealizações geralmente tornam os personagens caricatos. Se o objetivo não for criar um personagem caricato, utilize a idealização com parcimônia.

PSYDROP 20
REGRESSÃO

Regressão é um mecanismo que corresponde a um movimento de volta a momentos anteriores do desenvolvimento psíquico, como meio de defesa contra determinadas angústias suscitadas por situações traumáticas do momento presente. Seria, por exemplo, o caso daquela criança que volta a urinar na cama quando ingressa na escola ou quando nasce um irmãozinho, por temer ser rejeitada pelos pais, com a presença do novo integrante da família.

Há quem não aceite a regressão como um mecanismo de defesa propriamente dito, preferindo considerá-la um fracasso na utilização dos demais mecanismos no controle de situações que causam ansiedade.

Linus, personagem das estórias em quadrinhos criadas por Charles Schulz, vive chupando o dedo e agarrando-se a seu cobertor, atitude que lembra a das crianças maiores quando se sentem inseguras e procuram refúgio em suas lembranças da primeira infância.

Link com a literatura e o cinema

Um dos mais curiosos e surpreendentes empregos da ideia contida neste mecanismo de defesa na literatura aparece em "O Curioso Caso de Benjamin Button", conto de F. Scott Fitzgerald, adaptado para o cinema, que nos apresenta a fantástica estória de um homem que nasce com oitenta e poucos anos e rejuvenesce a cada dia que passa até virar um bebê.

DICA: Um autor pode criar uma estória tão intrigante como a descrita acima desenvolvendo cenas sob a forma de flashbacks para instantes da vida passada do protagonista em que ele se refugia sempre que a trama o coloca diante de situações de impasse aparentemente insolúveis.

PSYDROP 21
SUBLIMAÇÃO

Sublimação é o mecanismo pelo qual tornamos aceitáveis e dignos de admiração impulsos que noutras circunstâncias seriam condenáveis.

Dizemos que um cirurgião está 'sublimando' seus impulsos agressivos pondo-os a serviço do propósito de curar seus pacientes. Ou seja, transforma desejos de retaliar ou destripar corpos em procedimentos úteis e a favor da vida, objetivo moral e socialmente valorizado e que o impede de experimentar angústia quando 'agride' com seu instrumento de trabalho o paciente.

É o mecanismo que permite a troca de um objetivo sexual inatingível ou proibido por outro que o substitui pela semelhança com a natureza criativa e geradora de vida e beleza que está nas origens da sexualidade humana. Vamos encontrá-lo na gênese de muitas pinturas ou esculturas produzidas por artistas.

Pessoas que abrem mão de suas realizações pessoais para se dedicar a promover o bem público através de atividades caritativas e solidárias com o sofrimento alheio podem estar 'sublimando' pulsões agressivas, transformando-as em ações que as poupam da angústia que experimentariam se dessem vazão aos impulsos originais.

A sublimação é o mecanismo de defesa tido como o mais eficiente e bem sucedido nas ansiedades existenciais que visa dominar.

Link com a literatura, o cinema e a teledramaturgia

Os chamados filmes biográficos de celebridades tendem a focar o enredo na forma como os personagens tentaram "sublimar" seus impulsos destrutivos realizando uma obra meritória ou deixando um legado capaz de influenciar gerações futuras.

DICA: Se o propósito do autor é levar seus leitores ao êxtase com as aptidões estéticas ou ações morais de seus personagens, uma boa opção é dotar esses personagens da capacidade de lidar com suas angústias através do mecanismo de sublimação.

Os psydrops apresentados na Série III correspondem a:

8: Negação
9: Dissociação
10: Introjeção e Identificação introjetiva
11: Projeção e identificação projetiva
12: Deslocamento
13: Condensação
14: Formação Reativa
15: Racionalização
16: Anulação, Isolamento e Compensação
17: Repressão
18: Conversão
19: Idealização
20: Regressão
21: Sublimação

EXERCÍCIOS RELACIONADOS AOS PSYDROPS DA SÉRIE III

1. Identifique o mecanismo de defesa utilizado no seguinte trecho da obra "O alienista" de Machado de Assis:

Dito isso, (Simão Bacamarte, o alienista) meteu-se em Itaguaí, e entregou-se de corpo e alma ao estudo da ciência, alternando as curas com as leituras, e demonstrando os teoremas com cataplasmas. Aos quarenta anos casou com D. Evarista da Costa e Mascarenhas, senhora de vinte e cinco anos, viúva de um juiz de fora, e não bonita nem simpática. Um dos tios dele admirou-se de semelhante escolha e disse-lho.

Simão Bacamarte explicou-lhe que D. Evarista reunia condições fisiológicas e anatômicas de primeira ordem, digeria com facilidade, dormia regularmente, tinha bom pulso, e excelente vista; estava assim apta para dar-lhe filhos robustos, sãos e inteligentes. Se além dessas prendas, - únicas dignas da preocupação de um sábio -, D. Evarista era mal composta de feições, longe de lastimá-lo, agradecia-o a Deus, porquanto não corria o risco de preterir os interesses da ciência na contemplação exclusiva, miúda e vulgar da consorte.

(após identificá-lo verifique se confere com o descrito no psydrop 14)

2. Crie uma cena em que um personagem comete um ato falho, querendo dizer em que seu personagem evidencie o mecanismo de negação.

Série IV
Psydrops relativos às funções psíquicas e suas alterações

INTRODUÇÃO

As funções psíquicas são atribuições do Ego no desempenho de sua tarefa de administrar a vida de relação do indivíduo. São elas: **atenção – sensopercepção – memória – consciência – orientação – inteligência – linguagem – afetividade – pensamento – volição** (ou vontade que determina a ação).

Embora elas identifiquem as operações conscientes da mente humana podem estar sob a influência de fatores inconscientes. Os distúrbios dessas funções são denominados sintomas neuropsiquiátricos e podem se originar tanto de uma lesão ou disfunção orgânica quanto de uma perturbação emocional. Exemplificando, uma perda de memória pode seguir-se a um trauma cerebral por um acidente ou ocorrer após a morte súbita de um ente amado.

Acrescente-se, ainda, que alterações que incidam sobre o funcionamento mental geralmente afetam mais de uma das funções mencionadas, como veremos adiante.

Personagens delirantes (como o "D. Quixote", de Cervantes), neuróticos (como o casal da peça "Quem tem medo de Virginia Wolf", de Albee) ou psicopatas (como o do filme "O Silêncio dos Inocentes"), e tantos outros, fizeram a glória de seus criadores ou de quem os representou no teatro e cinema com os distúrbios das funções psíquicas revelados na sua composição.

A seguir está reproduzido um trecho do livro de Cervantes onde comparecem as perturbações do pensamento (delírios) e sensopercepção (alucinações visuais) do personagem D. Quixote:

"*Quando nisto iam, descobriram trinta ou quarenta moinhos de vento, que há naquele campo. Assim que D. Quixote os viu, disse para o escudeiro:*

— A aventura vai encaminhando os nossos negócios melhor do que o soubemos desejar; porque, vês ali, amigo Sancho Pança, onde se descobrem trinta ou mais desaforados gigantes, com quem penso fazer batalha, e tirar-lhes a todos as vidas, e com cujos despojos começaremos a enriquecer; que esta é boa guerra, e bom serviço faz a Deus quem tira tão má raça da face da terra.

— Quais gigantes? — disse Sancho Pança.

— Aqueles que ali vês — respondeu o amo — de braços tão compridos, que alguns os têm de quase duas léguas.

— Olhe bem Vossa Mercê — disse o escudeiro — que aquilo não são gigantes, são moinhos de vento; e os que parecem braços não são senão as velas, que tocadas do vento fazem trabalhar as mós.

– *Bem se vê* – respondeu D. Quixote – *que não andas corrente nisto das aventuras; são gigantes, são; e, se tens medo, tira-te daí, e põe-te em oração enquanto eu vou entrar com eles em fera e desigual batalha.*

Dizendo isto, meteu esporas ao cavalo Rocinante, sem atender aos gritos do escudeiro, que lhe repetia serem sem dúvida alguma moinhos de vento, e não gigantes, os que ia acometer. Mas tão cego ia ele em que eram gigantes, que nem ouvia as vozes de Sancho nem reconhecia, com o estar já muito perto, o que era; antes ia dizendo a brado:

– *Não fujais, covardes e vis criaturas; é um só cavaleiro o que vos investe.*

Levantou-se neste comenos um pouco de vento, e começaram as velas a mover-se; vendo isto D. Quixote, disse:

– *Ainda que movais mais braços do que os do gigante Briareu, heis-de mo pagar.*

E dizendo isto, encomendando-se de todo o coração à sua senhora Dulcinéia, pedindo-lhe que, em tamanho transe o socorresse, bem coberto da sua rodela, com a lança em riste, arremeteu a todo o galope do Rocinante, e se aviou contra o primeiro moinho que estava diante, e dando-lhe uma lançada na vela, o vento a volveu com tanta fúria, que fez a lança em pedaços, levando desastradamente cavalo e cavaleiro, que foi rodando miseravelmente pelo campo fora.

Acudiu Sancho Pança a socorrê-lo, a todo o correr do seu asno; e quando chegou ao amo, reconheceu que não se podia menear, tal fora o trambolhão que dera com o cavalo.

– *Valha-me Deus!* – exclamou Sancho – *Não lhe disse eu a Vossa Mercê que reparasse no que fazia, que não eram senão moinhos de vento, e que só o podia desconhecer quem dentro na cabeça tivesse outros?*

– *Cala a boca, amigo Sancho* – respondeu D. Quixote; – *as coisas da guerra são de todas as mais sujeitas a contínuas mudanças;*

o que eu mais creio, e deve ser verdade, é que aquele sábio Frestão, que me roubou o aposento e os livros, transformou estes gigantes em moinhos, para me falsear a glória de os vencer, tamanha é a inimizade que me tem; mas ao cabo das contas, pouco lhe hão-de valer as suas más artes contra a bondade da minha espada.

– Valha-o Deus, que o pode! – respondeu Pança.

E ajudando-o a levantar, o tornou a subir para cima do Rocinante, que estava também meio desasado."

Quanto mais e melhor os autores conhecerem as funções psíquicas e suas alterações, maiores êxitos terão na criação de personagens capazes de encantar, prender a atenção ou aterrorizar seus leitores e espectadores.

Psydrop 22
Atenção

Atenção é a função psíquica através da qual a mente seleciona um objeto, pessoa ou situação para nele focar seu interesse e examiná-lo através dos órgãos dos sentidos.

A atenção é um processo seletivo e excludente. A mente não pode dirigir a atenção para dois objetos, seres ou eventos. Precisa ser um de cada vez.

Entre os distúrbios da atenção está a dificuldade de se direcionar ou permanecer focada num mesmo elemento (atenção flutuante ou dispersa) e o impedimento de mudar seu foco de um para outro elemento (atenção tenaz).

Um distúrbio que tem sido particularmente estudado pelos especialistas em nossos dias é o transtorno do déficit de atenção (conhecido pela sigla TDA), geralmente acompanhado de hiperatividade (TDAH).

A pessoa acometida desse distúrbio pode apresentar um ou vários dos seguintes sintomas: dificuldade de se concentrar na tarefa que está exercendo, esquecimentos frequentes ou perda de objetos, começar várias atividades sem concluí-las, parecer não escutar quando lhe dirigem a palavra, evitar trabalhos que exijam esforço mental constante.

Link com séries televisivas

Anne Fortier, personagem da série policial canadense "Fortier", apresenta um quadro típico de TDA, expresso por atos tais como bater a porta da casa com a chave na fechadura interna e não poder reentrar, dar com a cabeça numa árvore enquanto vai pela rua distraída com a leitura de um laudo pericial, deixar-se enrolar pela guia de seu cão enquanto distrai-se com a conversa com uma parceira, sair de casa com um sapato de cada cor, e outros assim. Ressalve-se que esse déficit de atenção não compromete o desempenho intelectual da personagem e sua incomum capacidade de detectar as motivações inconscientes dos assassinos para cometerem seus crimes, o que assinala outra característica das funções psíquicas: elas podem ser independentes umas das outras e o indivíduo apresentar alterações de uma sem o comprometimento das demais.

Dica: Se a intenção é criar um personagem cômico na sua estória ou roteiro, fazê-lo apresentar esse distúrbio dá características de hilaridade às cenas das quais participa.

PSYDROP 23
SENSOPERCEPÇÃO

A **sensopercepção** é a faculdade de perceber e interpretar o mundo à volta através dos órgãos dos sentidos. A sensopercepção vai além do simples registro das imagens, sons ou impressões tácteis, gustativas e olfativas que nos chegam, para encarregar-se de integrá-las e dar-lhes determinado sentido em nossa mente.

A sensopercepção incorpora, por assim dizer, o mundo objetivo à nossa subjetividade psíquica. Quando lemos, assistimos a um filme ou ouvimos uma melodia, as sensações que nos são transmitidas permitem que delas formemos uma ideia capaz de ser compartilhada com outros indivíduos.

As alterações da sensopercepção levam a ideias distorcidas do mundo objetivo. Quando Joana olha para a parede que tem à sua frente e a descreve como sendo roxa, quando todos os demais presentes a veem como amarela, dizemos que ela está apresentando um distúrbio da sensopercepção visual.

Um indivíduo daltônico, que é aquele que tem uma incapacidade de diferenciar todas ou algumas cores, com particular dificuldade em distinguir o verde e o vermelho, é portador de um distúrbio de origem genética da sensopercepção.

Quando existe um juízo crítico por parte de quem está apresentando uma perturbação da sensopercepção de que ela é uma distorção da realidade, dizemos que ele está tendo uma *ilusão*. Já quando não exista esse juízo crítico e o indivíduo interpreta o que está ouvindo ou vendo como expressão da realidade estamos na presença de uma *alucinação*.

Link com a literatura

Um exemplo clássico de alucinações visuais na literatura nos é o mencionado anteriormente, pelo personagem D. Quixote, de Cervantes, quando interpreta as pás de um moinho de vento como os braços de um gigante com o qual deve se confrontar.

DICA: Para se criar um personagem psicótico, ou seja, que está fora da realidade, atribuir-lhe alucinações reforça a imagem que se quer transmitir ao leitor ou espectador de que o personagem está mentalmente insano.

PSYDROP 24
MEMÓRIA E ORIENTAÇÃO

A **memória** é a capacidade de adquirir, armazenar e recuperar informações disponíveis na mente. A **orientação** é a capacidade de situar-se quanto a quem somos, o lugar que ocupamos no espaço e tempo em que ocorrem nossas ações.

Perdas de memória são denominadas *amnésias*. Quando a incapacidade é para lembrar fatos do passado a designamos como amnésia retrógrada. Quando o que se perde é a habilidade para absorver novas informações a denominamos amnésia anterógrada.

Os déficits de memória atribuídos à senilidade correspondem geralmente à perda da memória para fatos recentes. É a velhinha que conta várias vezes a mesma história para a mesma pessoa, sem lembrar que já o fez.

Os chamados quadros demenciais, dos quais o mais frequente e conhecido é a doença de Alzheimer, costumam manifestar-se inicialmente por uma perda gradativa de memória. Essa perda pode ocorrer subitamente, como a que é registrada no filme sobre a biografia da pedagoga e escritora inglesa Iris Murdoch: ela estava sendo entrevistada num programa de televisão quando de repente se esqueceu sobre o que estava falando.

A memória e a orientação são duas funções psíquicas intimamente relacionadas, pois a perda da memória pode induzir estados de desorientação temporal ou espacial. Há no filme mencionado uma cena em que Iris sai sozinha de casa e é encontrada num supermercado não sabendo onde estava.

Os flashbacks de certos romances ou filmes muitas vezes estão à serviço da recuperação de fragmentos da vida dos personagens que foram esquecidos por distúrbios da memória decorrentes de situações traumáticas.

Colocar um personagem desorientado quanto ao tempo em que está se passando a trama é um recurso utilizado na ficção científica para criar situações de suspense sobre o que fará o personagem em questão.

Link com o cinema

No filme "Iris", sobre a vida da escritora Iris Murdoch, vitimada pelo mal de Alzheimer, a personagem experimenta momentos de extrema angústia para uma escritora, quando começa a esquecer-se das palavras, não consegue falar coerentemente, não lembra quem é o primeiro ministro do Reino Unido e passa a apresentar episódios de desorientação, tanto espacial, como temporal (não sabe em que dia está).

DICA: Há uma forma peculiar de desorientação, que é quanto à própria identidade pessoal. "Não sei quem sou, quem são meus pais ou o lugar onde nasci" – diz um personagem na cena inicial de uma estória. Eis uma maneira intrigante e de muitos desdobramentos possíveis para começar um relato.

PSYDROP 25

INTELIGÊNCIA E LINGUAGEM

A **Inteligência** é a função psíquica que permite ao ser humano aprender, ou seja, adquirir conhecimentos. Está relacionada à capacidade de raciocínio. Supunha-se que fosse uma dotação inata do ser humano e que não pudesse ser desenvolvida com a experiência ou influenciada por fatores emocionais. O conceito de inteligência emocional, introduzido em fins do século passado por Goleman (1995), consolidou a evidência que as emoções podem alterar o desempenho intelectual. Desde então se considera o fator emocional como um dos componentes da Inteligência.

Há indivíduos cuja inteligência encontra-se bloqueada por fatores emocionais. Um personagem que vai readquirindo ao longo da trama de um romance sua competência intelectual à medida que seus conflitos vão sendo solucionados pode ser construído a partir dessa noção.

Quanto à linguagem, enquanto função psíquica, está ela correlacionada com a inteligência. O poder se expressar pela fala ou por escrito através de símbolos pré-determinados é uma prerrogativa da inteligência humana, já que os animais, mesmo dotados de inteligência, não a possuem.

Os distúrbios da linguagem falada ou escrita podem ocorrer por fatores circunscritos à área biológica. Lesões cerebrais podem ocasionar impossibilidade total ou parcial de se expressar tanto pela fala como pela escrita.

Link com o cinema e a dramaturgia

O filme 'Uma lição de amor', protaginizado por Sean Penn, narra a estória de um deficiente mental que cria uma filha gerada por ele com uma prostituta, cuja estória evidencia de que forma os fatores emocionais são capazes de compensar as limitações dos aspectos puramente cognitivos da inteligência.

A personagem Nell, da peça teatral de Mark Handley, já mencionada noutro psydrop, é uma curiosa expressão de um aparente distúrbio de linguagem que se deve ao processo de identificação com uma mãe, essa sim portadora de um distúrbio da fala em decorrência de uma lesão cerebral.

DICA: A noção de que há um componente emocional para os déficits de inteligência e componentes afetivos interferindo na emissão da linguagem permite que se criem personagens capazes de mudarem suas características conforme os estados psíquicos subjacentes a suas deficiências intelectuais ou do uso da linguagem.

PSYDROP 26
AFETIVIDADE

A função **afetividade** é aquela sobre a qual a psicanálise primordialmente focou seu interesse especulativo, consequentemente é onde suas contribuições foram mais expressivas e nos permitiram uma visão mais abrangente e compreensiva das manifestações emocionais da vida humana.

Como os autores em particular e os artistas em geral têm como atribuição profissional o despertar emoções é escusado enfatizar a importância de seu conhecimento para eles.

Os afetos podem ser sumariamente descritos como capazes de despertar sensações agradáveis ou desagradáveis. Em função disso os personagens que os expressam serão diferentemente percebidos pelo público leitor ou espectador nos distintos momentos da trama.

Maria é apresentada inicialmente no enredo de uma novela de televisão como vilã, capaz das mais cruéis ações contra seus desafetos, despertando sensações desagradáveis nos telespectadores. Mais adiante, quando ela, ao exterminar um antigo pretendente, José, está vingando por tabela o mal que ele causou à Jane, mocinha da novela, pode despertar uma sensação agradável na telespectadora identificada com o sofrimento de Jane nas mãos do tirânico José.

João sente inveja de seu irmão Pedro porque o vê como mais dotado intelectualmente e capaz de ser mais bem sucedido financeiramente, e experimenta ciúmes de Pedro quando ele corteja Vera, por quem João também sente atração.

Inveja é um sentimento que aparece numa relação a dois; já para a presença dos ciúmes é preciso um terceiro.

Euforia e depressão são os polos extremos das variações de humor presentes nas chamadas personalidades ciclotímicas ou bipolares de que tanto se ouve falar hoje em dia.

Link com a literatura

O personagem Werther, de Goethe, é um exemplo clássico de uma personalidade depressiva, portadora do distúrbio que na época se denominou "mal du siècle", cujo destino na obra é o suicídio.

Na literatura nacional, um dos mais expressivos retratos do ciúme vem pintado no romance "Dom Casmurro", de Machado de Assis, em que o personagem Bentinho alimenta tal sentimento em relação a Capitu, sua mulher, e Escobar, seu melhor amigo. Marcante a frase de Capitu, ao final da trama, ao criticar o sentimento do marido:

– Pois até os defuntos! Nem os mortos escapam aos seus ciúmes!

DICA: O autor pode despertar diferentes emoções com um mesmo personagem conforme o uso que faça de sua afetividade no complexo jogo relacional da trama. Mas cuidado! Alguns afetos podem se confundir e serem mal empregados para identificar sentimentos de um personagem se o autor não tiver clareza sobre sua natureza.

PSYDROP 27
PENSAMENTO E VOLIÇÃO

Pensar é essencialmente a capacidade de ter ideias. **Volição** é a vontade ou força interior que impulsiona o indivíduo a realizar determinada ação.

O autor de um romance se comunica com seu leitor, sobretudo, através do que pensam seus personagens e de como ao longo da trama esses personagens expressam esses pensamentos em ações.

Essa interação entre *pensamentos* e *ações* é o cimento de qualquer texto ficcional e é intermediada pela volição, também chamada *conação* (o que acompanha a ação), que corresponde à vontade que determina o modo de agir do personagem na trama.

Um distúrbio do pensamento é o *delírio*, que é a crença, por parte de quem o apresenta, que esse pensamento é real e não uma fantasia sua. Há outras alterações do pensamento, como a *desagregação*, onde o pensamento se apresenta como picotado em fragmentos sem sentido e que é característico dos esquizofrênicos, e a *fuga de ideias*, onde essas aparecem como que aceleradas, mas conservando certa coerência e lógica, embora geralmente se tornem incompreensíveis para o ouvinte.

Exemplo de fuga de ideias: *Hoje me levantei pela manhã bem disposto. Disposto a ir ao cinema. No Telecine está passando 'Uma aventura na África'. O continente africano está por entrar em colapso com as lutas tribais. Dizem que uma tribo de drogados atacou nosso* bairro ontem. Ontem, como durante toda a semana passada, choveu. O sertão está precisando de chuva.

O transtorno obsessivo-compulsivo (TOC) é um distúrbio tanto do pensamento quanto da volição/ação: Alberto pensa obsessivamente que não deve mais se masturbar enquanto lava as mãos compulsivamente.

Links com a literatura

Macunaíma, o folclórico anti-herói criando por Mário de Andrade, passou os seis primeiros anos de sua vida não falando por preguiça. Pensava, mas não passava à ação de falar porque lhe faltava a vontade (volição).

Quando Cervantes quis fazer de seu personagem D. Quixote alguém desprovido do senso de realidade ou mentalmente insano valeu-se tanto de perturbações da sensopercepção (alucinações visuais), como vimos, como de distúrbios do pensamento (delírios): D. Quixote tem o pensamento delirante de que é um cavaleiro andante medieval, o Cavaleiro da Triste Figura, como se autodenominou, que sai em andanças pelas terras de Castela na missão de por a correr as injustiças do mundo.

DICA: Se quiser criar personagens que estão fora da realidade terá que se valer dos distúrbios do pensamento e da volição para dar-lhes credibilidade.

Os psydrops apresentados na Série IV correspondem a:

22: Atenção
23: Sensopercepção
24: Memória e Orientação
25: Inteligência e Linguagem
26: Afetividade
27: Pensamento e Volição

Exercícios relacionados aos psydrops da Série IV

1. Identifique qual função psíquica está alterada no personagem da seguinte cena:

Martin sentou-se na cama e a primeira ideia que lhe veio à cabeça é que não sabia onde estava e nem se era dia ou noite. A segunda, que nem mesmo sabia neste instante quem era. Não lembrava como chegara àquele lugar, nem o que viera fazer ali. Tentou levantar-se, mas uma zonzeira o impediu. Voltou a deitar-se com uma bruma toldando-lhe a visão.

_____

(após identificá-lo verifique se confere com o descrito no psydrop 24)

2. Escreva uma breve cena em que o personagem apresente alterações de mais de uma função psíquica.

3. No filme Marnie, de Alfred Hitchcock, a personagem Marnie é uma cleptomaníaca. A que função psíquica corresponde a compulsão por roubar?

(após identificá-la verifique se confere com o descrito no psydrop 27)

Série V
Psydrops relativos à personalidade e aos tipos psicológicos

INTRODUÇÃO

Personalidade

A personalidade pode ser descrita como um modo de ser, determinado pelos fatores constituintes e ambientais que interagem na construção psíquica do indivíduo. Freud condensou a personalidade no que chamou de "série complementar":

Personalidade = Constituição + Vivências infantis.

Com isso Freud dava a entender que temos que considerar, na construção da personalidade, tanto aqueles elementos que o indivíduo traz "de berço", como dotação genética (constituição), quanto as influências do meio ambiente (vivências infantis), desde a vida intrauterina até o fim da adolescência, quando supostamente estaria formada em definitivo a personalidade de uma pessoa.

O que seria uma personalidade "normal"?

Uma das maiores contribuições da psicanálise à compreensão e abordagem do funcionamento mental é a noção de que a distinção entre normalidade e patologia não é **qualitativa** e sim **quantitativa**. Assim, nas personalidades descritas a seguir temos todo um espectro entre o que seriam apenas "tendências" apresentadas por indivíduos considerados normais e aqueles com comportamentos desviantes e que se enquadram no âmbito da psicopatologia.

Personalidade paranóide: marcada desconfiança e sensação de estar sendo alvo de prejuízos ou perseguições causados por terceiros, ou vítima das circunstâncias.

Personalidade esquizóide: tendência ao isolamento e a evitar contatos sociais, comunicando-se só quando solicitado.

Personalidade antissocial (ou sociopática): desconsideração pelos direitos alheios, privilegiando o alcançar seus objetivos pessoais.

Personalidade impulsiva: tendência a agir sem reflexão prévia sobre a consequência de seus atos e predisposição ao descontrole dos impulsos agressivos.

Personalidade histriônica: inclinação a expressar exageradamente suas emoções e a se comportar de um modo teatral.

Personalidade obsessivo-compulsiva: preocupação com a ordem e os detalhes, bem como com a estrita obediência a regras. Pronunciado senso de organização.

Personalidade narcisista: centrada em si mesma.

Personalidade passivo-dependente: escassas iniciativa e autonomia.

Personalidade ciclotímica: oscilações frequentes de humor, da alegria à tristeza.

Personalidade dissociada: apresenta comportamentos como se fossem de pessoas distintas.

TIPOS PSICOLÓGICOS

Carl Gustav Jung, um dissidente do movimento psicanalítico inaugurado por Freud, elaborou sua própria teoria sobre o funcionamento do aparelho psíquico, e tentou agrupar as características do funcionamento mental dos seres humanos no que ele denominou "*tipos psicológicos*", frisando que sua finalidade não era dividir as pessoas em categorias, mas apenas apresentar as tendências que conduzem a variações individuais na expressão da vida psíquica dos seres humanos.

Segundo Jung, o modo preferencial de uma pessoa reagir ao mundo deve-se à herança genética, às influências familiares e às experiências que o indivíduo teve ao longo de sua vida. Para Jung (divergindo de Freud) a libido não se restringe ao campo da sexualidade, mas é uma energia vital presente em qualquer manifestação humana. Ela se apresenta em duas formas polarizadas de se manifestar nas atitudes dos indivíduos: se esta energia estiver direcionada para o mundo externo, teríamos no comportamento humano a condição denominada **extroversão**, e se direcionada para o mundo interno, a **introversão**.

Mas logo Jung se deu conta de que há outros fatores presentes na caracterização dos tipos psicológicos e que poderiam se apresentar como pares antitéticos, tais como: **razão** versus **sentimento**; **sensação** versus **intuição**, e **julgamento** versus **percepção**.

Katharine Cook Briggs e sua filha Isabel Briggs Myers, duas empresárias diretoras de uma fábrica nos EUA, por ocasião da II Guerra Mundial, viram-se na contingência de terem de contratar mulheres para substituir os operários que foram para o front, e inspiradas nos tipos psicológicos de Jung, desenvolveram um indicador que lhes permitisse avaliar as inclinações das candidatas às vagas na fábrica. Ampliando os critérios originais de Jung, criaram o **MBTI** (Myers Briggs Type Indicator), batizados com as iniciais de seus sobrenomes.

O MBTI aponta oito preferências organizadas em quatro escalas bipolares. Essas escalas são:

Extroversão (E) X Introversão (I)

Sensação (S) X Intuição (N)

Pensamento (T) X Sentimento (F)

Julgamento (J) X Percepção (P)

(entre parênteses, as respectivas letras escolhidas para representá-las, na versão original em inglês)

Da combinação dessas quatro escalas e as preferências apontadas extraíram-se os 16 tipos psicológicos básicos determinados pelo MBTI.

Os 16 tipos psicológicos do MBTI (com a menção a atividades ou funções em que podemos encontrá-los).

ISTJ (introvertidos – sensoriais- pensadores – julgadores): nos inspetores ou controladores do trabalho alheio;

ESTJ (extrovertidos – sensoriais – pensadores – julgadores):
nos supervisores ou orientadores;

ISFJ (introvertidos – sensoriais – sentimentais – julgadores):
nos protetores ou nutridores;

ESFJ (extrovertidos – sensoriais – sentimentais – julgadores):
nos provedores;

ISTP (introvertidos – sensoriais – pensadores – perceptivos):
nos artesãos;

ESTP (extrovertidos – sensoriais – pensadores – perceptivos):
nos promotores;

ESFP (extrovertidos – sensoriais – sentimentais – perceptivos):
nos apresentadores de programas ou performáticos;

ISFP (introvertidos – sensoriais – sentimentais – perceptivos):
nos artistas;

ENTJ (extrovertidos – intuitivos – pensadores – julgadores):
nos líderes;

INTJ (introvertidos – intuitivos – pensadores – julgadores):
nos cientistas ou pesquisadores;

ENTP (extrovertidos – intuitivos – pensadores – perceptivos):
nos inventores;

INTP (introvertidos – intuitivos – pensadores – perceptivos):
nos construtores ou realizadores de projetos;

ENFJ (extrovertidos – intuitivos – sentimentais – julgadores):
nos professores ou instrutores;

INFJ (introvertidos – intuitivos – sentimentais – julgadores):
nos protetores ou conselheiros;

ENFP (extrovertidos – intuitivos – sentimentais – perceptivos): nos modelos inspiradores;

INFP (introvertidos – intuitivos – sentimentais – perceptivos): nos idealizadores.

Assim, quando um autor quiser criar, por exemplo, um personagem que seja um professor carismático, adorado por seus alunos por sua competência, sensibilidade e capacidade de liderança (como o personagem de Robin Williams no filme "A sociedade dos poetas mortos"), ele deve possuir as características do tipo psicológico ESTJ para ser verossímil.

PSYDROP 28
AS PERSONALIDADES

Embora habitualmente haja o predomínio de determinado padrão de personalidade no comportamento de cada indivíduo, podemos encontrar num mesmo indivíduo traços de distintas personalidades.

Link com séries televisivas e a literatura

Gregory House, protagonista da série que leva seu nome, é um médico polêmico por suas atitudes inusitadas: não ouve os pacientes porque acha que muitas vezes eles mentem, e que os sintomas são os fatos a que é preciso se ater para realizar seus diagnósticos. Sarcástico, irascível, descortês e até grosseiro com seus colegas, que, no entanto o respeitam, por sua inteligência excepcional e grande competência diagnóstica. É viciado em hidrocodona, que começou a tomar por causa das dores na perna decorrentes de uma cirurgia mal sucedida a que foi submetido. Já esteve preso por seu comportamento agressivo. Comporta-se como um indivíduo socialmente arredio, frio ou indiferente aos estímulos afetivos que emanam dos que o cercam e o apreciam. Rechaça ostensivamente as demonstrações de afeto por parte da mulher que o ama e pela qual também sente atração. Em resumo, uma personalidade complexa com elementos esquizóides, narcisistas e impulsivos.

Dorian Gray, personagem que dá nome ao único romance escrito por Oscar Wilde, mencionado anteriormente, vai lentamente se deixando levar pelas palavras de Henry Wotton, amigo de Basil, o pintor que produz seu retrato. É possível notar, no transcorrer da trama, as alterações por que passa a personalidade de Dorian, antes um jovem bondoso e atencioso, que se transforma numa pessoa narcisista, arrogante e cruel.

DICA: Personagens dotados de muitas características distintas, apesar de interessantes, são mais difíceis de conceber e, principalmente, de "administrar" no transcorrer de uma estória. Se você for um autor ainda inexperiente na construção de personagens, procure não misturar características de vários tipos de personalidade para não torná-los pouco congruentes ou até mesmo caricatos. Os leitores percebem rapidamente que um personagem está, em determinado ponto da estória, agindo de maneira contraditória ou de forma "forçada".

PSYDROP 29
TIPOS PSICOLÓGICOS

I. Extroversão (E) x Introversão (I)

Extrovertidos (E) buscam energia no mundo exterior. Privilegiam a ação em lugar da reflexão. Seu modo de funcionar obedece ao ciclo *fazer-pensar-fazer*. Estão sempre em atividade, envolvidos com pessoas ou coisas. Comunicativos, preferem o contato pessoal, direto, que o indireto proporcionado pela escrita. Expressam com facilidade o que pensam. *Exemplo:* D. Quixote, personagem de Cervantes.

Introvertidos (I) recorrem a seu mundo interior em busca de energia. Privilegiam a reflexão em lugar da ação. Seu modo de funcionar obedece ao ciclo *pensar-fazer-pensar*. Sentem-se mais à vontade trabalhando a sós, com suas ideias e pensamentos. Pouco comunicativos, preferem expressar-se de modo indireto, pela escrita. Guardam para si o que pensam. *Exemplo:* Swann, personagem de 'Em busca do Tempo perdido', de Proust.

II. Sensação (S) x Intuição (N)

Sensoriais (S) são indivíduos que preferem o que é real e pode ser confirmado pelos sentidos. Funcionamento monitorado pelos fatos. Apreciam o que é prático e são orientados para o presente. Apoiam-se nos conhecimentos adquiridos. São pessoas com senso prático. Exemplo: Sherlock Holmes, personagem de A. Conan Doyle.

Intuitivos (N) são aqueles que levam em conta os aspectos subjetivos e são guiados por seus "feelings" (ou o denominado sexto sentido). Teóricos, apoiam-se no que poderia ser e são orientados para as possibilidades futuras. Inovadores, estão sempre à procura de novos conhecimentos ou maneiras de fazer. São pessoas imaginativas. *Exemplo:* Maigret, o detetive do escritor belga Simenon.

III. Pensamento (T) x Sentimento (F)

Pensadores (T) são guiados pela cabeça, racionais, objetivos, movidos pelo senso de justiça. Tomam suas decisões baseados na lógica, pesando prós e contras. Críticos. *Exemplo:* William de Baskerville, personagem de Umberto Eco em 'O nome da Rosa'.

Sentimentais (F) são guiados pelo coração, subjetivos, movidos pela empatia. Tomam suas decisões baseados em seus valores. Condescendentes. Levam em conta as exceções para as regras. *Exemplo:* Amir, personagem de Khaled Hosseini em 'O caçador de pipas'.

IV. Julgamento (J) x Percepção (P)

Julgadores (J) privilegiam o planejamento e a organização. Disciplinados e determinados na busca de seus objetivos. Apreciam a rotina e procuram ter o controle das situações em quem se envolvem. *Exemplo:* Poirot, personagem de Agatha Christie.

Perceptivos (P) privilegiam a flexibilidade e a livre experimentação. Espontâneos, não gostam de rotinas e preferem deixar a vida fluir ao sabor do acaso. Improvisadores. Ficam ansiosos e inseguros na hora de tomar decisões. Preferem contar com opções. *Exemplo:* Alice, personagem de Lewis Carroll.

Dica: Parece muito complexo? Abandonem a preocupação em criar personagens dentro de um ou outro tipo e apenas tentem identificar o tipo psicológico do personagem que criaram ao final da narrativa em sua primeira versão. Vão perceber que essa prática lhes possibilitará uma revisão do texto com um "upgrade" na descrição do comportamento do personagem em cena e na elaboração das sequelas.

> **Os psydrops apresentados na Série V correspondem a:**
>
> 28: Personalidades
> 29: Tipos psicológicos

EXERCÍCIOS RELACIONADOS AOS PSYDROPS DA SÉRIE V

1. Você quer criar uma personagem feminina que vá, ao longo da trama, se constituir num ícone da mulher do futuro. Que perfil psicológico você escolheria para caracterizá-la? Por quê?

_____

_____

_____

_____

_____

2. Escreva uma breve cena em que um personagem apresente traços obsessivo-compulsivos.

_____

_____

_____

Série VI
Psydrops relativos ao paradigma racional-sistêmico

INTRODUÇÃO

Mudança de paradigma: pensamento racional-sistêmico

O que é um paradigma científico? Segundo Kuhn, que no seu livro Teoria das Revoluções Científicas (1952) introduziu o conceito, **paradigma** é uma coleção de crenças compartilhadas por cientistas ou uma série de acordos sobre como os fenômenos devem ser observados e compreendidos. Essa expressão é hoje largamente utilizada fora do âmbito científico (falamos de paradigmas na moda, nos esportes, na política, nas artes, etc.).

Até meados do século passado o pensamento científico conduziu-se conforme o denominado **paradigma linear, padrão causa-efeito**. Partia-se de um efeito – como, por exemplo, Freud partiu dos sintomas de suas pacientes histéricas – para buscar-se sua causa – que Freud entendeu serem traumas na infância, sobretudo de natureza sexual. E assim em todas as ciências esse era o procedimento utilizado. Pensava-se ainda que todo o efeito correspondesse a uma única causa: se um corpo caia, a explicação era estar ele sob a ação da lei da gravidade. E pronto, nada mais era necessário para tornar compreendido o fenômeno.

Com a evolução do conhecimento humano e o advento de novas tecnologias, percebeu-se que esta explicação simplista já não servia para que se entendessem fenômenos da biologia, da física quântica e, sobretudo, os da área das ciências humanas, tão sujeitas a variáveis não controláveis pelos parâmetros da lógica que pautava o campo das chamadas ciências exatas.

Surgiu então o **paradigma circular, padrão "feedback"**. Percebeu-se que poderíamos encontrar várias causas para explicar determinado fenômeno: para desencadear uma simples gripe não basta a presença do vírus, mas é necessária uma série de fatores associados tão diversos como exposição ao contágio pelas vias respiratórias, elementos climáticos, quebra da resistência imunológica do indivíduo por doenças intercorrentes, fadiga, estresse, e assim por diante.

Por que esse paradigma chamou-se circular? Porque se percebeu que as causas e efeitos realimentam-se reciprocamente. Por exemplo, se estou ministrando uma palestra e meus ouvintes começam a cochilar (efeito) essa reação deve levar a que eu modifique a forma de apresentar os conteúdos de minha exposição (causa) para "acordar" a plateia. Pasmem!

O efeito pode tornar-se causa! Daí a denominação circular e o padrão ser o *"feedback"* (ou *"retroalimentação"*). No exemplo citado, o comportamento da plateia agiu como a temperatura do meio ambiente aciona o funcionamento do termostato de um aparelho de ar condicionado.

E aqui entra em cena, então, o que denominamos **pensamento relacional-sistêmico**, que não leva em conta apenas o que se passa no interior da mente dos seres humanos, mas também o que ocorre no campo das relações interpessoais que eles estabelecem.

Mas o que tudo isso tem a ver com a temática desta série? Chegaremos lá. Por enquanto lembrem-se apenas de que em qualquer enredo ou trama ficcional *os personagens estão em constantes movimentos relacionais*. E mesmo num monólogo teatral, o personagem está fazendo com que dialoguem seus fantasmas ou figuras "introjetadas".

O comportamento dos indivíduos no campo de suas relações interpessoais está sujeito às regras determinadas pela entrada em cena do novo paradigma. Que, diga-se de passagem, não veio aposentar as do paradigma linear. Continuamos procurando causas para explicar determinados fenômenos. O que o novo paradigma trouxe foi a evidência de que não mais podemos ficar restritos ao achado de uma única causa. Não é uma causa **ou** outra; é uma **e** outras. Assim, quando nos utilizarmos dos mecanismos de defesa para compor o perfil psicológico de um personagem, não podemos nos valer apenas de um desses mecanismos para torná-lo verossímil.

Outra constatação dos estudos que deram origem a essa nova visão paradigmática é que um sistema não é a mera soma das partes constituintes, e que cada parte funciona em diferentes sistemas de distintas maneiras. Trocando em miúdos: o mesmo indivíduo, que se comporta com espontaneidade e é simpático e comunicativo num grupo (sistema) que o aceita e valoriza, pode apresentar uma conduta arredia e mesmo hostil num outro grupo (sistema) que o rejeita e desqualifica. Lembrando sempre que o comportamento de ambos (indivíduo e grupo) são retroalimentadores, e a causa não está apenas num ou noutro. Provocamos reações num determinado grupo com nossas ações e as ações desse grupo provocam nossas reações, "circularmente".

Finalmente, a contribuição do novo paradigma chegou ao campo da comunicação humana, com uma nova compreensão da gênese dos mal-entendidos, das mensagens contraditórias, das discrepâncias entre a comunicação verbal e não verbal.

Toda a comunicação pressupõe a existência de no mínimo dois participantes: o que emite e o que recebe a informação veiculada. E entre eles se estabelece um campo de interação onde cada qual é, ao mesmo tempo, emissor e receptor de "feedbacks" sob a forma de mensagens verbais ou não verbais. Como afirmam os teóricos da comunicação, é impossível não comunicar-se. Mesmo o silêncio diante de um interlocutor é uma forma de comunicar algo.

Vejamos nos psydrops a seguir apresentados as evidências e aplicações dessas noções na criação de personagens.

PSYDROP 30

INFLUÊNCIAS RECÍPROCAS ENTRE PERSONAGENS: *FEEDBACKS*

Os diálogos mais admiráveis criados na literatura, dramaturgia ou cinema constituem-se de "feedbacks", em que a fala de um personagem retroalimenta a do interlocutor fazendo avançarem cenas em que se quer exteriorizar um conflito.

Como neste trecho da peça de Shakespeare, A Megera Domada, os excertos da contenda verbal entre Petrucchio e Catarina revelam:

"P. – São sete horas. Chegaremos com tempo de jantar...

C. – Senhor, posso afiançar-vos; são duas horas, nem a ceia é certeza alcançaremos.

P. – Serão sete horas antes de montarmos. Veja bem: quanto eu diga ou faça, ou tenha ideia de o fazer, contrarias sempre.

P. – Como brilha no céu a lua amiga!

C. – Lua? Isto é sol. Não há luar ainda.

P. – Digo que é a lua que tão claro brilha.

C. – É o sol, vejo que tão claro brilha.

P. – Pois pelo filho de meu pai, eu mesmo, tem que ser lua ou estrela, ou o que eu quiser, antes de à casa de teu pai irmos. Recolhei os cavalos! Contrariado de novo! Contrariado sempre e sempre!"

Nem sempre os "feedbacks" num diálogo estão a serviço de impulsionar conflitos. Por vezes se prestam a reforçar um acordo ou entendimento. Como nesta outra peça de Shakespeare, Romeu e Julieta, o diálogo final entre os pais dos personagens, Capuleto e Montecchio:

"C. – Dá-me tua mão irmão Montecchio; é o dote de minha filha. Mais pedir não posso.

M. – Mas eu posso dar mais, pois hei de a estátua dela fazer do mais puro ouro. Enquanto for Verona conhecida, nenhuma imagem terá tanto preço como a da fiel e mui veraz Julieta.

C. – *Romeu fama também dará à cidade; vítimas são de nossa inimizade."*

Link com a literatura e o cinema

No romance de Eça de Queiroz 'A Cidade e as Serras', os diálogos entre o narrador José Fernandes e o personagem Jacinto servem para contrapontear os confortos oferecidos pela civilização na vida urbana e o encanto bucólico da vida rural.

Em "O Retrato de Dorian Gray" Oscar Wilde demonstra toda a sua maestria com as palavras ao tecer memoráveis diálogos entre Henry Wotton e outros personagens, em passagens que servem não apenas para impressionar, mas também para levar a trama adiante.

No cinema um dos exemplos mais notórios é o do filme Jogo Mortal, que praticamente se reduz a um duelo verbal entre os personagens interpretados por Laurence Olivier e Michael Caine, a fala de um alimentando os argumentos do outro.

DICA: Usem e abusem dos "feedbacks" para criar tensão entre os personagens ou levá-los à solução dos conflitos interpessoais.

PSYDROP 31
A COMUNICAÇÃO E SUAS MÚLTIPLAS FACETAS

As falhas na comunicação verbal, que geram mal-entendidos, originam mensagens contraditórias ou provocam discrepâncias entre a comunicação verbal e não verbal, compareçem habitualmente quando se pretende uma reviravolta ou virada no rumo dos acontecimentos de uma estória.

As palavras de duplo sentido no idioma se prestam a mal-entendidos, tais como "obrigado" no seguinte diálogo:

– Me acompanha na festa de fulana? – indaga a mulher.

– Não, obrigado! – responde o marido.

O marido pode estar agradecendo o convite ou o repudiando por sentir que é uma exigência da esposa. A entonação da voz é o que permite neste caso verificar qual dos dois sentidos está sendo empregado, mas se ela for neutra irá dar margem a um mal-entendido.

Exemplos de mensagens verbais contraditórias: frases do tipo "não seja tão submetido a mim" dita por uma mãe a um filho ou "seja mais autônomo, mas não tome qualquer decisão sem antes me consultar", enunciada por um chefe a seu subalterno.

As discrepâncias entre a linguagem verbal e não verbal podem ocorrer quando, por exemplo, diz-se a alguém: "vem cá me dar um abraço", mas se permanece com os braços juntos do corpo, sem oferecê-los para o abraço.

Quaisquer das situações mencionadas acima pode se prestar para uma mudança no relacionamento entre os personagens de uma estória.

Link com o cinema e a dramaturgia

A capacidade de se expressar não verbalmente, através de mímica, gestos ou atitudes está por trás do sucesso de muitos atores e atrizes. Mais do que suas falas são as expressões de pânico do ator Michel Piccoli no filme 'Habemus Papam', que nos transmitem a angústia que experimenta o papa apavorado com o que o espera após sua eleição para o próximo pontificado. Da mesma forma, no filme 'A vingança de

Manon', a dor estampada no rosto do personagem de Yves Montand quando lhe contam que o vizinho e rival que levou à destruição (papel de Gerard Depardieu) era o filho que ignorava ter. Ou a atitude altiva e rígida da atriz Conchita de Moraes ao final da peça 'As árvores morrem de pé', ao proferir a frase do título.

DICA: Esta vai para os autores enquanto membros de uma equipe envolvida em um projeto literário, teatral, cinematográfico ou na mídia em geral (e hoje em dia, quem prescinde de trabalhar em equipe se quiser obter sucesso?). Aprimorem sua capacidade de se comunicar com os demais membros de seus respectivos grupos de trabalho, lembrando que a comunicação efetiva pressupõe não só a transmissão de conteúdos, mas também a forma de fazê-lo.

Modo de usar os psydrops

PSYDROPS: OS INGREDIENTES DA RECEITA

Os psydrops são como ingredientes para preparar receitas de diversos pratos em gastronomia. O modo de combiná-los e temperá-los poderá dar maior credibilidade psicológica aos personagens criados pelos escritores, roteiristas e atores a que se destinam estes textos. Igualmente poderá ajudá-los a construir e modificar seus personagens para torná-los mais congruentes na contextualização da trama.

Para exemplificar, vejamos como os elementos que foram descritos nos psydrops aparecem na personagem central da obra *"Atonement"*, de Ian McEwen (versão em português com o título "Reparação", editada pela Cia. das Letras em 2001).

Inicialmente apresentaremos uma sinopse da obra focada nas ações da personagem Briony para situar os leitores quanto à forma como são combinados os "ingredientes" psicológicos na construção desta personagem.

Briony é uma adolescente de 13 anos no início da trama, e que reside numa mansão rural inglesa com seus pais (Jack e Emily), uma irmã mais velha de 23 anos (Cecília), estando seu irmão mais velho, Leon, de 25 anos, estudando em Londres. Como agregados à família residem num bangalô próximo Grace, uma faxineira cujo marido a abandonou, e seu filho Robbie, de 23 anos, protegido de Jack, que pagou seus estudos em Cambridge, onde também estudou Cecília.

Quando a estória começa a ser narrada, Briony, que desde os 11 anos revela dotes de escritora, está montando uma peça para ser representada em homenagem a seu irmão, que está chegando para visitar a família, acompanhado de um amigo, Paul. Como personagens da peça deverão atuar seus primos Lola, de 15 anos, e os gêmeos Jackson e Pierrot, de 9 anos, recém chegados à casa como residentes temporários, em função da separação de seus pais.

Briony ocasionalmente presencia da janela de seu quarto uma cena que a deixou intrigada: Cecília semi-despida entrando nas águas de uma fonte no jardim e Robbie na amurada, descalço, como se estivesse ordenando a Cecília que tirasse a roupa e entrasse na água. Num momento posterior Robbie pede a Briony que leve uma carta sua a Cecília, mas num ato falho (lembram-se?) envia, em lugar da carta que pretendia mandar, um rascunho onde revela seu desejo por

Cecilia e usa palavras obscenas para referir-se aos genitais da moça. Briony lê a carta antes de entregar à irmã. No mesmo dia, após o jantar, Briony entra na biblioteca e flagra Robbie e Cecília agarrados e beijando-se. Nessa noite os gêmeos fogem e todos saem à sua procura nos arredores da propriedade. Briony, então, presencia uma cena em que sua prima Lola está sendo estuprada por um estranho que não pode ser identificado e que foge à aproximação de Briony; esta socorre a prima e a convence de que o estuprador era Robbie.

As duas delatam o filho da faxineira como sendo o estuprador e Robbie vai preso, sob os protestos de Cecília, que o defende da acusação.

Os anos se passam. Robbie é condenado pelo suposto estupro, mas tem sua pena comutada pelo alistamento como soldado do exército britânico, participando da retirada de Dunquerque. O jovem morre de septicemia num lugarejo próximo a Dunquerque, e Cecília também morre, poucos meses depois, devido a uma bomba que atingiu a estação de metrô onde estava, em Londres. Briony, a esta altura arrependida e invadida pelo remorso por ter causado, com a sua mentira, tamanho dano à sua irmã e seu amado, encontra-se trabalhando como voluntária em uma enfermaria que recebe os soldados britânicos feridos na guerra.

Ao final do livro, Briony é uma romancista que está completando setenta e sete anos, com o diagnóstico recente de estar sofrendo de uma demência progressiva em função de pequenos derrames cerebrais. Briony se dirige a um jantar em sua homenagem na casa onde vivera sua infância e onde seus familiares lhe preparam como surpresa a representação da peça que escrevera aos 13 anos e que não chegara a ser apresentada na ocasião. Nas reflexões que faz ao se retirar para seu quarto após o jantar, recorda as versões que fez do livro em que narra suas memórias, na última das quais concede a Cecília e Robbie o benefício ficcional de ficarem juntos e viverem felizes.

VEJAMOS AGORA COMO OS ELEMENTOS A QUE ALUDEM OS PSYDROPS APARECEM NA PERSONAGEM BRIONY.

Briony tinha uma paixão adolescente por Robbie. Certo dia, três anos antes dos episódios referidos no início da trama, ela fungiu estar se afogando num rio para que Robbie a salvasse. Eis o diálogo que se segue a esta cena: "Sabe por que eu queria que você me salvasse?" "Não." "Não está na cara?" "Não, não está, não." "Porque eu amo você. Eu amo você. Agora você sabe".

Na mente de Briony era como se Robbie houvesse traído o amor dela por ele ao preferir sua irmã.

Briony nunca se deu conta que por trás de suas atitudes para interferir na relação de Cecília com Robbie estavam seus sentimentos por Robbie. Dizendo de outra forma, sua *inveja* da irmã e o desejo de impedir que Cecília formasse um casal com Robbie permaneceu *inconsciente* ao longo de toda sua vida, e foi determinante para sua *culpa* e necessidade de *expiação* (quando se auto-infligiu o castigo de trabalhar como enfermeira voluntária num hospital para feridos e mutilados pela guerra, sem qualquer 'vocação' para aquela atividade).

A presença das vias de acesso ao inconsciente de Briony manifestam-se através de:

Sintomas, como os que apresentou Briony aos setenta e sete anos, logo após saber de seu médico que está ingressando em um processo demencial em virtude de pequenos derrames cerebrais. "*Eu deveria estar deprimida. Seria possível que eu estivesse, como se diz agora, em processo de denegação?... Foi então, no banco de trás daquele carrinho, que pela primeira vez senti uma espécie de desespero. Pânico seria uma palavra forte demais. Em parte era uma sensação de claustrofobia, de estar inevitavelmente confinada dentro de um processo de decadência física e de estar encolhendo*".

O conflito psíquico de Briony estabelece-se entre um desejo de destruir (que se refere ao Id – vide tópico relativo ao conflito psíquico) aquele que um dia fora seu objeto de amor (Robbie) e que a traíra apaixonando-se por sua irmã (Cecília), desejo esse apoiado por sua consciência moral (Superego – vide conflito psíquico), que a faz julgar como sua obrigação denunciar os atos desonrosos que supunha terem sido praticados por Robbie e, de outro lado, o senso de realidade (Ego – vide conflito psíquico), que a faz em alguns momentos questionar sua decisão e depois a enche de culpa ao constatar o mal que causara a Robbie e Cecília, não só impedindo a união deles como causando indiretamente a morte dos dois.

A seguir alguns *mecanismos de defesa* empregados por Briony e identificados ao longo da narrativa:

Negação: Briony não reconhece em momento algum que se enganara quanto à interpretação que dera à cena presenciada de sua janela.

Anulação: Cecília escreve a Robbie quando ele estava no front a respeito do depoimento de Briony que o colocou na prisão sob acusação de estupro: "Acho que ela quer retirar seu depoimento. Quer retirar seu testemunho e fazer isso de modo oficial e legal. Nem sei se isso é possível, já que o recurso que você impetrou foi indeferido" (tentativa de *anulação* do mal causado).

Projeção: Pouco após a cena em que Briony flagra Cecília e Robbie num abraço erótico na biblioteca, volta para a sala de jantar, onde acusa os gêmeos de terem entrado no seu quarto, mexido em sua gaveta e retirado de lá suas meias (*projeção* nos meninos do sentimento que a levara a invadir a privacidade do casal num local onde ela, Briony, não tinha porque estar naquele momento).

Deslocamento: Briony toma o envelope que os gêmeos haviam deixado numa cadeira da sala de jantar com a carta informando a sua fuga, e, dando um grito lancinante, diz em voz alta para que todos ouvissem: "Uma carta!" Ela estava prestes a abri-la. Robbie não conseguiu conter a pergunta: "A quem ela é dirigida?"."Está escrito assim:'A todos'. Emily, então, a proíbe de abrir e pede que leve a carta até ela. "Não abra. Faça o que estou lhe dizendo, traga a carta para mim". (Briony *desloca* para a carta dos meninos seu desejo de expor a todos de maneira dramática o teor da carta que lera de Robbie a Cecília).

Dissociação: entre a Lola rival (como quando disputa com ela quem seria a personagem central da peça que escrevera) e a Lola aliada (como quando a apóia no seu sofrimento após ter sido estuprada e a faz sua cúmplice ao denunciar Robbie como o autor do estupro).

Os mecanismos de defesa nos levam ao exame das *perturbações das funções psíquicas da personagem*.

A cena que Briony presenciara da janela entre Robbie e sua irmã Cecília foi *distorcida na sensopercepção* de Briony. O que lhe parecera um assédio sexual e voyeurismo de Robbie, obrigando Cecília a desnudar-se e entrar na água, não passara de uma tentativa de Cecília de salvar fragmentos de um vaso antigo e precioso que Robbie desajeitadamente quebrara ao tentar ajudar Cecília a enchê-lo de água.

Briony apresenta outra distorção da sensopercepção ao interpretar como sendo de Robbie a silhueta do estranho estuprando sua prima. E aí não só se verifica um distúrbio da percepção como se evidencia o *pensamento obsessivo* de Briony fixado em querer incriminar Robbie, movido pela força interior (*volição*) que a leva a induzir Lola a acreditar que efetivamente quem a estuprou teria sido Robbie, apesar das hesitações iniciais de Lola em confirmar a assertiva de Briony, como aparece neste trecho:

Briony sussurrou: "Quem era?", e, antes que tivesse resposta, acrescentou, com toda a tranquilidade de que era capaz. "Eu vi. Eu vi." Submissa, Lola concordou: "É". Disse Briony: "Foi ele, não foi?". Ela sentiu contra o peito, mais do que viu, sua prima fazer que sim, lenta e pensativamente. Talvez fosse exaustão. Depois de vários segundos, Lola disse, no mesmo tom fraco e submisso: "Foi. Foi ele". De repente, Briony quis que a prima pronunciasse o nome dele. Para selar o crime, emoldurá-lo com a maldição da vítima, determinar seu destino com o ato mágico de pronunciar um nome."

Por vezes Briony tem a vaga impressão de que fora uma ilusão de ótica e se esboça uma tênue dúvida sobre o que presenciara, mas que não se mantém pela vontade férrea em eliminar de suas vidas o "psicopata":

"Já na semana seguinte, a superfície vítrea da certeza ostentava algumas marcas e rachaduras finas. Quando se dava conta delas, o que não acontecia com frequência, Briony era levada de volta, com uma leve sensação de vazio no estômago, à consciência de que o que ela sabia não era literalmente – ou apenas – fundamentado no que vira. Não tinham sido apenas os seus olhos que lhe disseram a

verdade. Estava escuro demais para isso. Até mesmo o rosto de Lola a meio metro de distância era uma oval vazia, e o vulto estava a vários metros de distância, e deu-lhe as costas ao contornar a clareira. Mas o vulto não estava de todo invisível, e seu tamanho e seu modo de andar lhe eram familiares. Seus olhos confirmaram tudo o que ela sabia e havia vivenciado recentemente. A verdade estava na simetria, ou seja, fundamentava-se no bom senso. A verdade orientara seus olhos. Assim, ao dizer, e repetir tantas vezes, que o vira, estava dizendo a verdade, estava sendo tão honesta quanto veemente."

A que tipo psicológico corresponde a descrição da personagem?

Quanto à orientação da energia podemos visualizá-la como uma **extrovertida (E)**; quanto à maneira de observar ou captar o mundo exterior como **intuitiva (N)**; quanto à forma de decidir, **pensadora (T)**, e quanto à orientação em relação ao mundo exterior, **julgadora (J)**. Logo, ela seria uma ENTJ.

Eis alguns momentos do relato em que esses componentes ou tendências determinantes dos tipos psicológicos aparecem em Briony:

Já na cena inicial, em que ela está preparando a representação da peça teatral que escrevera para apresentar a seu irmão Leon, com a participação de seus primos, percebem-se as características extrovertidas da personagem. Briony busca energia no mundo exterior, como enquanto lia sua peça para a mãe e "*observava com atenção o rosto da mãe para detectar qualquer sinal de emoção, e Emily não a decepcionou, reagindo com expressões de espanto, risos maliciosos e, no final, sorrisos de gratidão e acenos de sábia aprovação. Briony não sabia no momento, mas seria esse o auge da gratificação que lhe haveria de proporcionar o projeto*". Da mesma forma seu modo de funcionar privilegia a ação em lugar da reflexão: "*... gritou para os jovens recém-chegados, perplexos, parados ao lado de sua bagagem: Já preparei os papeis de vocês todos, tudo pronto. A estreia é amanhã! Os ensaios começam daqui a cinco minutos!*"". Durante todo o tempo da preparação da peça está em frenética atividade, envolvida com pessoas ou coisas, privilegiando o fazer e sem levar em conta as limitações impostas pela realidade: "*fizesse ela o que fizesse, o projeto haveria de terminar em catástrofe, pois as pretensões de Briony eram excessivas, e ninguém, muito menos os primos, estava à altura de sua visão frenética*".

Na maneira em que vai criando novas possibilidades para efetivar a realização da peça, trocando os papeis quando percebe a resistência dos primos, vemos suas características *intuitivas*, orientadas para as possibilidades futuras. Seu componente intuitivo aparece igualmente na sua enorme capacidade de fantasiar livremente, como quando, irritada, sai pelo campo a açoitar urtigas com um galho de aveleira, e se imagina campeã nas Olimpíadas do ano seguinte em Berlim com suas habilidades para acertar as urtigas com seus golpes.

A *pensadora*, guiada pela cabeça, racional, crítica, apelando para a lógica, aparece quando decide denunciar Robbie como o suposto autor do estupro, a partir de suas impressões anteriores sobre o erotismo de Robbie nas cenas na fonte e na biblioteca com sua irmã, bem como da carta que lera às escondidas: "*Era errado ler a correspondência dos outros, mas para ela era certo, era essencial, saber tudo*". E mais adiante, após o episódio do estupro: "*Do seu ponto de vista, tudo se encaixava; o terrível presente era a concretização do passado recente. Acontecimentos que somente ela havia testemunhado prenunciavam a calamidade vivida por sua prima. Agora ela entendia tudo, as coisas eram coerentes demais, simétricas demais, para não serem tal como ela as descrevia. Ela se culpava por ter imaginado, ingenuamente que Robbie limitaria seu interesse a Cecília. Como pudera pensar uma coisa dessas? Ele era um psicopata, afinal de contas. Para ele, qualquer uma servia. E era fatal que atacasse a mais vulnerável – uma mocinha magra, perambulando na escuridão num lugar desconhecido, corajosamente procurando os irmãos no templo da ilha. Exatamente o que Briony ia fazer. Sua indignação tornava-se ainda mais furiosa quando se dava conta de que a vítima poderia perfeitamente ter sido ela própria. Se sua pobre prima não era capaz de afirmar a verdade, então faria isso por ela. Eu sou. Eu digo."*

Finalmente, a característica *julgadora* aparece na forma como Briony planeja e executa seu propósito de incriminar Robbie pelo estupro da prima, disciplinada e determinada na busca desse seu objetivo e procurando ter controle sobre as dúvidas de Lola sobre ter sido ele o autor do crime, como no diálogo que segue:

"Lola", cochichou ela, sentindo um entusiasmo estranho que não seria capaz de negar. "Lola. Quem foi?" "Foi o Robbie, não foi?" O psicopata. Ela queria pronunciar a palavra. Lola não disse nada e permaneceu imóvel. Briony repetiu a frase, mas dessa vez sem nenhum tom de pergunta. Era a afirmação de um fato. "Foi o Robbie." "Ele veio por trás, sabe. Ele me derrubou... e então, ele empurrou minha cabeça e cobriu meus olhos com a mão. Eu não, sabe, eu não consegui...". "Escute o que eu estou dizendo. Eu não tenho dúvida que foi ele. Eu conheço o Robbie desde pequena. Eu vi." "Porque eu não sei direito. Quer dizer, até podia ser ele, pela voz." "O que foi que ele disse?" "Nada. Quer dizer, o som da voz dele, respirando, os barulhos. Mas eu não vi. Eu não seria capaz de dizer quem era." "Pois eu sou. Eu digo." A certeza de Briony aumentando, sempre que sua prima parecia manifestar dúvida.

Quanto aos padrões de personalidade encontrados em Briony destacam-se seu caráter *narcisista* (*"Briony era uma dessas crianças possuídas pelo desejo de que o mundo seja exatamente como elas querem"*), mesclado com a impulsividade (*"foi menos por insensibilidade do que por ambição artística concentrada que gritou para os jovens recém-chegados, perplexos, parados ao lado de sua bagagem: 'Já preparei os papeis de vocês todos, tudo pronto. A estréia é amanhã! Os ensaios começam daqui a cinco minutos!'"*), que acabam por levá-la a perpetrar a infundada acusação a Robbie.

Ainda sobre seu caráter narcisista, centrada egoisticamente em seus objetivos pessoais e avessa a cuidar de outrem, aí vai outra ilustração neste monólogo de Briony:

"Responsabilizar-se por alguém, mesmo por uma criatura como um cavalo ou um cão, não seria uma coisa fundamentalmente incompatível com a febril jornada interior exigida pela literatura? Preocupar-se em proteger um outro ser, envolver-se com uma mente alheia ao penetrá-la, assumir o papel dominante de guiar o destino de outro – tais coisas sem dúvida impediam a liberdade mental. Talvez ela viesse a se tornar uma dessas mulheres – objetos de piedade ou de inveja – que optavam por não ter filhos."

Daí a estranheza dela se oferecer como enfermeira voluntária, pois não tinha de modo algum a vocação cuidadora.

As características *histriônicas* da personalidade de Briony são sugeridas neste trecho em que discute com seu pequeno primo Pierrot:

"'Como é que você pode detestar teatro?'. 'É coisa de quem gosta de se mostrar.' Pierrot deu de ombros ao enunciar essa verdade evidente. Briony reconheceu que ele tinha certa razão. Era justamente por isso que ela adorava peças, ou pelo menos a peça dela; todo mundo ia adorá-la."

Finalmente seus traços *obsessivo-compulsivos* são assinalados no seguinte parágrafo:

"*O gosto pelas miniaturas era um dos aspectos de seu espírito organizado. Já outro era a paixão pelos segredos: numa escrivaninha envernizada, objeto de sua predileção, havia uma gaveta secreta que se abria apertando-se numa junta em cauda-de-andorinha contra o sentido dos veios da madeira, e ali Briony guardava um diário trancado com cadeado e também um caderno no qual escrevia num código que ela própria inventara. Num cofre de brinquedo, com segredo de seis números, arquivava cartas e cartões-postais. Uma velha lata de guardar trocados ficava escondida sob uma tábua corrida removível, debaixo de sua cama. Dentro dessa lata havia tesouros por ela acumulados desde o dia em que fizera nove anos, quatro anos antes, quando dera início à coleção: uma bolota dupla, mutante; um pedaço de ouro-besouro; uma fórmula mágica para fazer chover, comprada num parque de diversões; um crânio de esquilo, leve como uma folha*".

E no comentário sobre sua compulsão a escrever:

"*Briony estava totalmente entregue às suas fantasias literárias – o que antes parecia ser uma mania passageira se transformara numa obsessão absorvente*".

Ainda sobre a personalidade obsessivo-compulsiva desenvolvida por Briony vamos encontrar comprovação nesta observação que faz aos setenta e sete anos a respeito dos comentários de um historiador sobre seu livro: "*Adoro esses pequenos detalhes, essa maneira pontilhista de encarar a verossimilhança, a correção de pormenores que, ao se acumularem, proporcionam tanta satisfação*."

Como exemplo de "*feedback*", o diálogo de Briony com Lola após a cena do estupro, onde cada intervenção hesitante de Lola retroalimenta uma cada vez mais incisiva manifestação de Briony sobre quem ela "presenciara" consumando o estupro.

Comentários finais

Utilizando-nos mais uma vez da metáfora dos ingredientes para a elaboração de um prato em gastronomia, pode-se dizer que alguns escritores possuem habilidades inatas de combinar os ingredientes para dar consistência psicológica a seus personagens. Seriam aqueles cozinheiros autodidatas que por talentos naturais prescindem de tutores para se tornarem "chefs de cuisine" de excelência. Mas esses são raros. A maioria necessita um aprendizado feito sob a supervisão dos mestres no ofício para se tornarem reconhecidos como "chefs" de sucesso.

Essa afirmação é válida para qualquer atividade profissional a que nos dediquemos. E se a literatura especializada é importante para entrarmos em contato com os fundamentos teórico-técnicos do ofício que escolhemos, ela não é suficiente: necessitamos adicionar o monitoramento ou tutoria por parte de quem tem experiência no assunto em questão.

Este manual que os leitores têm em mãos não leva outra intenção que assinalar algumas trilhas ou atalhos para se chegar ao esboço mais apropriado das características psicológicas do personagem que se quer criar em uma trama. Não se trata, obviamente, de um tratado sobre o tema, e sua complementação pode ser obtida por um contato pessoal com seus autores.

www.dvseditora.com.br